Die Bedeutung des Storytellings für das Framing der klinischen Psychiatrie

Wie sprechende Medizin das Stigma psychischer Erkrankungen aufheben kann

Bibliografische Information der Deutschen Nationalbibliothek:

Die Deutsche Nationalbibliothek verzeichnet diese Publikation in der Deutschen Nationalbibliografie; detaillierte bibliografische Daten sind im Internet über http://dnb.d-nb.de abrufbar.

Impressum:

Copyright © Studylab 2020

Ein Imprint der GRIN Publishing GmbH, München

Druck und Bindung: Books on Demand GmbH, Norderstedt, Germany

Coverbild: GRIN Publishing GmbH | Freepik.com | Flaticon.com | ei8htz

Abstract

Die Prävalenz psychischer Störungen und Erkrankungen erlaubt das paradoxe Postulat, dass es „normal" ist, psychisch krank zu sein. Nichtsdestotrotz werden Betroffene aufgrund ihres Aufenthaltes in einer psychiatrischen Klinik oder Station noch immer als „verrückt" etikettiert. Mit dem Ziel, als Kommunikationsmanager einen geringfügigen Beitrag zur Entstigmatisierung von Menschen mit psychischen Erkrankungen leisten zu wollen, erörtert diese Arbeit den Stellenwert des Storytellings für das Framing der klinischen Psychiatrie. Die Divergenz der Untersuchungsgegenstände ist Abbild des Forschungsdesiderats, dessen sich anhand einer Literaturstudie angenommen wird. In dieser Abhandlung wird die Wirkung rahmender Geschichten in und über die klinische Psychiatrie aufgezeigt und die Erkenntnis gewonnen, dass das Storytelling starken Einfluss auf die Kooperation der Stakeholder und die Handlungsfähigkeit der klinischen Psychiatrie haben kann. Gleichzeitig wird das Resümee gezogen, dass aus Kliniken kaum rahmende Geschichten erzählt werden. Diese Feststellung führt zur Auseinandersetzung mit der Frage, wie die klinische Psychiatrie das Storytelling für ihr öffentliches Framing gestalten könnte. Ihre Beantwortung dürfte sich insbesondere für Kommunikationsbeauftragte als interessante Aufgabe erweisen.

The prevalence of mental disorders and illnesses permits the paradoxical postulate that it is "normal" to be mentally ill. Nevertheless, people are still labeled as "insane" due to their stays in a psychiatric hospital or ward. With the aim of making a minor contribution to the destigmatization of people with mental illnesses as a communication manager, this paper discusses the importance of storytelling for the framing of clinical psychiatry. The divergence of the objects under investigation is a reflection of the research desideratum which will be addressed on the basis of a literature study. In this treatise, the impact of framing stories in and about clinical psychiatry is shown, and the knowledge is gained that storytelling can have a strong influence on the cooperation of stakeholders and the ability of clinical psychiatry to act. At the same time, the conclusion is drawn that hardly any framing stories are told from clinics themselves. This observation leads to a discussion of the question, of how clinical psychiatry could design the storytelling for its public framing. Its reply should prove an interesting task, particularly for communication officers.

Abstract

„Worte und Bilder bestimmen unser Denken.
Manchmal geben sie Hoffnung.
Entscheidend ist, dass sie uns helfen zu lernen.
Was wir zu lernen haben, ist so schwer und doch so einfach und klar:
Es ist normal, verschieden zu sein."

(Richard von Weizsäcker)

Inhaltsverzeichnis

Abstract III

Abbildungsverzeichnis VII

Abkürzungsverzeichnis VIII

Hinweis auf die geschlechtsneutrale Schreibweise IX

1 Einleitung 1

    1.1 Zielsetzung und Erkenntnisinteresse der Arbeit 2

    1.2 Vorgehensweise und Aufbau der Arbeit 2

2 Die Entwicklung und Steuerung von Corporate Messages 4

    2.1 Erläuterung grundlegender Begriffe 4

    2.2 Das Themenmanagement der Unternehmenskommunikation als korporatives Agenda-Setting 7

    2.3 Strategien zur Vermittlung von Corporate Messages 8

3 Framing 10

    3.1 Begriffliche Annäherung: Frame und Framing 10

    3.2 Multidisziplinäre Ursprünge der Framing-Forschung 15

    3.3 Framing im medialen Kommunikationsprozess: Frame-Arten 19

    3.4 Framing als Technik des Themenmanagements 20

    3.5 Zur Differenzierung von Framing und Agenda-Setting: ein Exkurs 22

    3.6 Zusammenfassung 25

4 Storytelling 27

    4.1 Begriffliche Annäherung und Abgrenzung: Geschichte, Erzählung, Narration 28

    4.2 Definition: (strategisches) Storytelling 30

    4.3 Wesentliche Bestandteile einer gelungenen Geschichte 33

4.4 Wirkungsmechanismen von Geschichten 39

4.5 Storytelling als Persuasionstechnik der Unternehmenskommunikation 43

4.6 Zusammenfassung 44

5 Die klinische Psychiatrie als stakeholderorientierte Organisation **47**

5.1 Definition: die (klinische) Psychiatrie 47

5.2 Zum Begriff des Stakeholders: Ursprünge, Definitionen und Abgrenzung 50

5.3 Das Stakeholdermanagement der klinischen Psychiatrie 51

6 Zur Bedeutung des Storytellings für das Framing der klinischen Psychiatrie: ein Zwischenfazit **56**

6.1 Die Entwicklung und Steuerung von Corporate Messages 56

6.2 Zur Kausalität von Framing und Storytelling 57

6.3 Die Relevanz des stakeholderorientierten Instrumenteneinsatzes für die klinische Psychiatrie 58

7 Die klinische Psychiatrie: eine sprechende Medizin **60**

7.1 Über die heilsame Kraft des ärztlichen Wortes 60

7.2 Begriffliche Annäherung: sprechende Medizin 62

7.3 Die sprechende Medizin für das Framing der psychiatrischen Behandlung 63

8 Geschichtswelten der klinischen Psychiatrie **67**

8.1 Rahmende Geschichten in der klinischen Psychiatrie 67

8.2 Rahmende Geschichten über die klinische Psychiatrie 69

8.3 Rahmende Geschichten aus der klinischen Psychiatrie 72

9 Die Umdeutung der klinischen Psychiatrie: ein Fazit **75**

9.1 Die Bestandteile einer Psychiatriegeschichte: der Versuch eines Entwurfs 75

9.2 Reframing 83

10 Kritische Reflexion **87**

Literaturverzeichnis **91**

Abbildungsverzeichnis

Abbildung 1: First- und Second-Level-Agenda-Setting..22

Abbildung 2: Geschichte, Narration und Erzählung...29

Abkürzungsverzeichnis

Abb.	Abbildung
BApK	Bundesverband der Angehörigen psychisch Kranker
bzw.	beziehungsweise
DGPPN	Deutsche Gesellschaft für Psychiatrie und Psychotherapie, Psychosomatik und Nervenheilkunde
dt.	deutsch
ebd.	ebenda
et al.	et alii
f.	folgende (Seite)
ff.	fortfolgende (Seite)
Hg.	Herausgeber (Singular)
Hgg.	Herausgeber (Plural)
i. O.	im Original
od.	oder
o. J.	ohne Jahr
PR	Public Relations
S.	Seite
usw.	und so weiter
vgl.	vergleiche
zit. n.	zitiert nach

Hinweis auf die geschlechtsneutrale Schreibweise

Aus Gründen der leichteren Lesbarkeit wird in der vorliegenden Arbeit die männliche Sprachform bei personenbezogenen Substantiven und Pronomen verwendet. Die Angaben beziehen sich jedoch auf alle Geschlechter, sodass die Verwendung der männlichen Sprachform keine Benachteiligung der anderen Geschlechter impliziert und im Sinne der sprachlichen Vereinfachung als geschlechtsneutral zu verstehen ist.

1 Einleitung

Die Stigmatisierung von Menschen mit psychischen Erkrankungen ist ein fortwährendes Problem unserer Gesellschaft. Aller Aufklärung zum Trotz werden Erkrankte im Alltag noch immer stark diskriminiert: „Es sind letzten Endes Ängste, oft irrationale Ängste, die die Stigmatisierung aufrechterhalten, und Irrationalität ist durch Aufklärung und Wissensvermehrung nicht aufzuheben" (Finzen 2000, S. 41). Das Wissenschaftliche Projekt eröffnet den Blick auf einen korporativen Akteur, der als Inbegriff des gesellschaftlichen Übels ebenso geächtet ist wie das Gros der Erkrankten: die klinische Psychiatrie.

In diesem Jahrhundert tragen die Medienvielfalt und die Menge an verfügbaren Informationen zu einem Höchstmaß an Meinungsbildungsprozessen bei, weshalb eine Vielzahl angsteinflößender Schauergeschichten über die klinische Psychiatrie kursiert: Sie ist die „Klapse", aus der ein Entkommen nicht möglich scheint, in der die „Irren" entmündigt werden und den bizarren Behandlungsmethoden sadistischer Psychiater zum Opfer fallen. Wenngleich solche Vorstellungen weit vom dem, was wir Realität nennen mögen, entfernt sind, rahmen sie die Außenwahrnehmung psychiatrischer Kliniken und Stationen. Existenzgefährdende Empörungswellen in den Massenmedien befeuern das ihnen anhaftende Stigma und zwingen Kliniken zur glaubhaften Vermittlung sozialer Verantwortung. Selten zuvor war ihr Legitimationsbedürfnis so hoch, das Risiko misslungener Kommunikation so groß (vgl. Eder/Schmidt 2019, S. 9 f.; Mast 2019, S. XIII; Zerfaß/Piwinger 2014, S. V).

Die strategische Kommunikation ist für die Handlungsfähigkeit der klinischen Psychiatrie essenziell. Nur ein offener und transparenter Dialog, der an die Befindlichkeiten der Stakeholder anknüpft, kann für diese interessant genug sein, um sich mit der gesellschaftlichen Funktion der klinischen Psychiatrie auseinanderzusetzen und in öffentlichen Diskursen ihren Stellenwert zu erörtern.

Während die sensationsheischende Gesellschaft alles daran setzt, möglichst überzeugend von besorgniserregenden Geschehnissen in „der" Psychiatrie zu berichten, ist diese in der Öffentlichkeit alles andere als überzeugend. Obgleich viele (psychiatrische) Kliniken Sprache als wichtiges Therapeutikum für den Heilungsprozess Betroffener anerkennen und versuchen, mittels verbaler Kommunikation eine positivere Selbstwahrnehmung der Erkrankten herbeizuführen, kommunizieren sie „nach außen" überwiegend durch Sprachlosigkeit und schüren damit ihre negative Fremdwahrnehmung.

Es scheint, als sei die sprechende Medizin in der Öffentlichkeit sprachlos. Nicht deutlicher könnte das unheilvolle Sprechen über die sprechende Medizin sie zur öffentlichen Stellungnahme und Erzählung ihrer eigenen Geschichte auffordern.

1.1 Zielsetzung und Erkenntnisinteresse der Arbeit

Diese Abhandlung verfolgt das Ziel, den Stellenwert des strategischen Geschichtenerzählens für die Deutung der klinischen Psychiatrie zu eruieren. Um zu prüfen, ob und, wenn ja, wie die klinische Psychiatrie mit entstigmatisierender Kommunikation an die irrationalen Ängste ihrer Stakeholder anknüpfen kann, gilt es in dieser Arbeit, das Framing durch das Storytelling zu fokussieren. Neben der Erläuterung der subtil wirkenden Kommunikationstechniken im Einzelnen und deren Kausalität ist es ebenfalls erforderlich, sich mit „der" Psychiatrie als Organisation und sprechenden Medizin auseinanderzusetzen. Vor dem Hintergrund der Annahme, dass Geschichten über die klinische Psychiatrie Geschichten in und aus der klinischen Psychiatrie bedingen, sind diese Geschichtswelten ebenso zu beleuchten. Sollten die Ausführungen von einer hohen Relevanz des Storytellings zeugen, bietet es sich an, einen Blick auf das Storytelling psychiatrischer Kliniken und Stationen zu werfen. Darüber hinaus werden für das Anschlusspotenzial dieser Arbeit Überlegungen anzustellen sein, wie Kommunikationsmanager Geschichten für ein besseres Image „der" Psychiatrie aufbereiten könnten.

Da der Einsatz strategischer Kommunikationstechniken stets auf Grundlage organisationsspezifischer Gegebenheiten erfolgen sollte, ist die Eins-zu-eins-Übertragung des Storytellings auf die klinische Psychiatrie schließlich der Diskussion würdig.

1.2 Vorgehensweise und Aufbau der Arbeit

Entsprechend der deduktiven Vorgehensweise wird in diesem Beitrag vom Allgemeinen auf das Besondere geschlossen: Vorab liefert das zweite Kapitel einen Überblick über grundlegende Begrifflichkeiten von Kommunikation im organisationalen Kontext und ermöglicht die Einordnung nachfolgender Sachverhalte in einen größeren Zusammenhang. Sodann wird der Framing- und Storytelling-Ansatz dargelegt. Das Hauptaugenmerk des Framing-Kapitels (3) liegt auf einer begrifflichen Annäherung, die durch die Darlegung verschiedener akademischer Anwendungsfelder bereichert und durch die Bezugnahme auf die strategische Kommunikation erweitert wird. Auch das allgemeine Storytelling-Kapitel (4) versucht eine Begriffsbestimmung vorzunehmen und diese anhand von Elementen und

Wirkungsweisen von Geschichten zu präzisieren. Nach Zusammenstellung eines Kriterienkatalogs für die Definition und Identifikation von Geschichten bezieht sich dieses Kapitel ebenfalls auf die eingangs visierte Unternehmenskommunikation. Um die Bedeutung des strategischen Storytellings für das Framing der klinischen Psychiatrie untersuchen zu können, ist es unabdingbar, prägnante Charakteristika „der" Psychiatrie herauszuarbeiten, wobei die verkürzte Erläuterung des Psychiatriesystems dem Verständnis der klinischen Psychiatrie verhilft. Nach mehrfacher Betonung der Relevanz der stakeholderorientierten Kommunikation bietet Kapitel 5 ebenfalls Raum für eine Zusammenfassung des Stakeholderansatzes. Im Hinblick auf die nachfolgenden Kapitel werden einige interne und externe Anspruchsgruppen der klinischen Psychiatrie aufgeführt und wird der Stakeholderdialog thematisiert. Nach Bildung eines Grundstocks fasst Kapitel 6 die erarbeiteten Inhalte grobmaschig zusammen. Insbesondere die Schilderung der Kausalität der Kommunikationsinstrumente (Abschnitt 6.2) dürfte sich als hilfreiches Moment für das Verstehen der weiteren Ausführungen erweisen. Die allgemeine Darstellung der klinischen Psychiatrie erlaubt ihre Spezifizierung als sprechende Medizin und die Bezugnahme deren Bedeutungsgehaltes auf das Framing in Kapitel 7. Bevor das Storytelling in Kapitel 9 auf die klinische Psychiatrie bezogen werden kann, sind in Kapitel 8 einige Vorbereitungen zu treffen. Die Geschichten in, über und aus der klinischen Psychiatrie führen unmittelbar zur Auseinandersetzung mit der Frage, wie psychiatrische Kliniken und Stationen das Storytelling für eine wünschenswertere Außenwahrnehmung gestalten könnten. Die Erörterung dessen mündet schließlich in einen kurzen Ausflug in die Psychologie (Abschnitt 9.2). Zu guter Letzt widmet sich Kapitel 10 einer kritischen Reflexion der Ausarbeitung.

2 Die Entwicklung und Steuerung von Corporate Messages

Um die Bedeutung des Storytellings für das Framing der klinischen Psychiatrie ermitteln zu können, gilt es zunächst, sich ein basales Wissen darüber zu verschaffen, was es bedeutet, ein strategisch kommunizierendes Unternehmen zu sein. Dafür wird vorab in aller Kürze dargelegt, was unter den Begriffen „Kommunikation", „Organisation", „Organisationskommunikation", „strategische Kommunikation" und „Unternehmenskommunikation" zu verstehen ist. Die nachfolgenden Ausführungen stellen die visierten Kommunikationstechniken in einen übergeordneten Kontext und schaffen eine Grundlage für ihre genauere Betrachtung.

2.1 Erläuterung grundlegender Begriffe

Interdisziplinäre Perspektiven auf die Begrifflichkeiten führen sowohl zu einer uneinheitlichen und teilweise widersprüchlichen Verwendung der singulären Termini als auch zu unterschiedlichen Auffassungen über ihre Beziehungen (vgl. Röttger 2014, S. 25).[1]

Trotz der Tatsache, dass *Kommunikation* für Menschen überlebenswichtig ist, ist vor allem der Kommunikationsbegriff von einer starken Unbestimmtheit geprägt, sodass eine nahezu unzählige Anzahl an Definitionen und Erklärungsmodellen besteht. Zudem wird der Ausdruck „Kommunikation" in Wissenschaft und Praxis unterschiedlich gebraucht, sodass bereits die Verwendung des Wortes zu Verständigungsproblemen führt (vgl. Fuhrberg 2016, S. 23). Maletzke definiert „Kommunikation" sehr allgemein als „Bedeutungsvermittlung zwischen Lebewesen" (Maletzke 1963, S. 18). Bruhn beschreibt den Terminus wie folgt:

> „Kommunikation bedeutet die Übermittlung von Informationen und Bedeutungsinhalten zum Zweck der Steuerung von Meinungen, Einstellungen, Erwartungen und Verhaltensweisen bestimmter Adressaten gemäß spezifischer Zielsetzungen" (Bruhn 2014, S. 3).

„Man kann nicht nicht kommunizieren" (Watzlawick et al. 2007, S. 53), lautet das erste Axiom, das Watzlawick anführt, um die Paradoxie menschlicher Kommunikation aufzuzeigen. Im engeren Sinne ist Kommunikation nicht nur eine einzelne Mitteilung, sondern auch die Interaktion, die „aufeinander bezogene Abfolge von

---

[1] Es ist weder Anspruch noch Ziel dieser Arbeit, die Termini auch nur annähernd erschöpfend darzustellen, lediglich wird an dieser Stelle der Versuch unternommen, eine möglichst stringente Begriffsarchitektur zu schaffen.

Mitteilungen" (Plate 2015, S. 18). Demnach fällt unter den Kommunikationsbegriff auch das Gesamtverhalten von Personen, sodass „alles Verhalten Kommunikation [ist] und jede Kommunikation [...] das Verhalten" (Watzlawick et al. 2007, S. 23) beeinflusst. Kommunikation kann daher als sozialer Prozess verstanden werden, in dem (un-)beabsichtigt wechselseitig Informationen ausgetauscht werden. Die „zwischenmenschliche Sender-Empfänger-Beziehung auf der Basis der Kommunikation" (ebd.) beschreiben auch Baller und Schaller in ihrem Werk „Kommunikation im Krankenhaus":

> „Kommunikation ist daher der intentionale und wechselseitige Austausch von Informationen innerhalb dessen ein sogenannter Kommunikator (Sender) eine Botschaft, welche in sprachliche oder nicht-sprachliche Zeichen verschlüsselt wird, über spezifische Kommunikationskanäle an einen Kommunikanten (Empfänger) sendet, der diese Botschaft dann entschlüsselt. Dies kann sowohl schriftlich, mündlich oder aber eben auch non-verbal erfolgen" (Baller/Schaller 2017, S. 5).

Jede Organisation, wie ein Krankenhaus, basiert auf Kommunikation, sodass die Systeme Organisation und Kommunikation untrennbar miteinander verbunden sind. Die existenzielle Bedeutung von Kommunikation im organisationalen Kontext schildert Luhmann besonders deutlich und konstatiert, die „Kommunikation von Entscheidungen" (Luhmann 2011, S. 63) stelle die Operationsbasis sämtlicher Organisationen dar.

Organisationen bezeichnet Mast als „beobachtbare Netze von Interaktionen, die geplant, regelmäßig und systematisch zwischen Menschen ablaufen" (Mast 2019, S. 3). Wenngleich die Kommunikationsbeziehungen sozialer Gebilde auf Dauer angelegt sind, unterliegen sie „einem kontinuierlichen Wandel" (ebd.). Organisationen verfügen über Strukturen („vorgegebene Handlungsmuster für Situationen" (ebd.), die das Grundgerüst für Kommunikationsprozesse („Handlungsabläufe, die diesen Strukturen folgen" (ebd.) bilden, „haben eine Identität, verfolgen Werte und bilden eine Kultur aus" (ebd.). Darüber hinaus verfolgen Organisationen Ziele, die mittels Kommunikation erreicht werden sollen, haben Mitglieder, „die die Kommunikationsnetze kennen" (ebd., S. 9) und werden sowohl von Organisationsangehörigen als auch Außenstehenden wahrgenommen. Somit sind sie Gegenstand dauerhafter, „öffentliche[r] Beobachtung und (kritische[r]) Thematisierung" (Röttger et al. 2014, S. 5) und sagen, um es in Watzlawicks Worten auszudrücken, auch etwas aus, wenn sie nichts sagen.

Hinsichtlich des weitreichenden und übergeordneten Terminus „*Organisationskommunikation*" sollte zumindest darüber Einigkeit bestehen, dass er sämtliche Kommunikationsaktivitäten *in* und *von* Organisationen bezeichnet (vgl. ebd., S. 25). *Innerhalb* von Organisationen fungiert Kommunikation unter anderem als Entscheidungs-, Koordinations-, Anleitungs- und Kontrollinstrument, Kommunikation *von* Organisationen wirkt „nach außen" in Meinungsmärkte (vgl. Fuhrberg 2016, S. 33). Strittig hingegen ist, ob Kommunikation *über* Organisationen im Zuge öffentlicher Meinungsbildungsprozesse ebenfalls Organisationskommunikation darstellt (vgl. ebd.).

Der Begriff „*strategische Kommunikation*" ist innerhalb der Organisationskommunikation zu verorten und lässt sich „als der Versuch von Organisationen beschreiben, mittels zielgerichteter Kommunikation und damit auch Sprache den angestrebten Organisationszweck zu erfüllen" (Schwägerl et al. 2018, S. 273). Mittels Kommunikationstechniken, die Deutungen nahelegen und Wahrnehmungsmuster prägen, versuchen Organisationen, „die Art und Weise, wie sie öffentlich beobachtet werden" (Röttger et al. 2014, S. 5) zu steuern und öffentliche Diskurse im Organisationssinn zu beeinflussen.

„Wenn es sich um die spezielle Organisationsform der Unternehmen handelt" (Mast 2019, S. 3), findet der Begriff „*Unternehmenskommunikation*" Anwendung. Bruhn definiert die Kommunikation eines Unternehmens als die Summe aller Kommunikationsinstrumente und -maßnahmen, die angewendet werden,

> „um das Unternehmen und seine Leistungen den relevanten internen und externen Zielgruppen der Kommunikation darzustellen und/oder mit den Zielgruppen eines Unternehmens in Interaktion zu treten" (Bruhn 2015, S. 5).

Zerfaß präzisiert den Ausdruck und schildert, Unternehmenskommunikation umfasse „alle gesteuerten Kommunikationsprozesse, mit denen ein Beitrag zur Aufgabendefinition und -erfüllung in gewinnorientierten Wirtschaftseinheiten geleistet wird" (Zerfaß 2014, S. 23).[2]

---

[2] Nach der sehr grobmaschigen und stark vereinfachten Darstellung grundlegender Begrifflichkeiten bedienen sich die folgenden Ausführungen überwiegend des Begriffs der Unternehmenskommunikation.

2.2 Das Themenmanagement der Unternehmenskommunikation als korporatives Agenda-Setting

Die Inhalte der Unternehmenskommunikation sind elementar für ihren Bestand. Aus Unternehmens- und Kommunikationszielen werden systematisch Unternehmensbotschaften, „Corporate Messages", abgeleitet, entwickelt und gesteuert (vgl. Huck-Sandhu 2014, S. 651 f.). Corporate Messages stellen die inhaltliche Ebene der Unternehmenskommunikation dar und sind „sichtbarer Ausdruck dessen, ‚was' kommuniziert wird" (ebd., S. 652).

Das Themenmanagement ist der „strategisch geleitet[e] Prozess der Planung und Steuerung von Botschaften der Unternehmenskommunikation" (ebd., S. 653) und kann in wesentlichen Teilen als korporatives Agenda-Setting verstanden werden (vgl. Theis-Berglmair 2008, S. 44).

Die Agenda-Setting-These postuliert, dass die wahrgenommene Relevanz eines Themas vom Umfang der medialen Berichterstattung über dieses abhängt, und setzt somit die Korrelation zwischen Medien- und Publikumsagenda voraus (vgl. Huck-Sandhu 2014, S. 654).

Auch wenn einige Autoren inzwischen von einer dritten Stufe sprechen, wird in der Agenda-Setting-Forschung im Wesentlichen zwischen zwei Leveln unterschieden: „The first level of agenda setting is the transmission of object salience, and the second level is the transmission of attribute salience" (McCombs/Ghanem 2001, S. 68). In Bezug auf Unternehmen lassen sich die Wirkungsebenen wie folgt beschreiben: „The first level relates to the salience of an organization, and the second level deals with the attributes or associations related to that organization" (Cornelissen 2011, S. 146). Demnach sind die öffentliche Sichtbarkeit und Wahrnehmung einer Institution auf der ersten Stufe angesiedelt, Attribute, die die Umwelt dem Unternehmen zuschreiben, auf der zweiten.

Werden organisationale Kommunikationsangebote in die mediale Berichterstattung aufgenommen, wird die Unternehmenskommunikation unmittelbarer Bestandteil des medialen Agenda-Settings, sodass unternehmensrelevante Themen und Botschaften „über die Medienagenda auf die Publikumsagenda" (Huck-Sandhu 2014, S. 654) gelangen. Im allgemeinen Bezug auf Corporate Messages ist die Agenda-Setting-Theorie noch weiter auf die Unternehmenskommunikation zu übertragen: Hinsichtlich des korporativen Agenda-Settings entwickelt das Themenmanagement eine Themenagenda und definiert, *welche* Themen aus Unternehmenssicht relevant sind und *wie* diese aus Institutionsperspektive gedeutet werden. Bezüglich dieser Doppelseitigkeit wird dem Themenmanagement eine „Thematisierungs- und Themengestaltungsfunktion" (ebd., S. 653) zugeschrieben. Während die Thematisierungsfunktion die Identifikation und Platzierung relevanter Themen verantwortet, dient die Themengestaltungsfunktion der „inhaltlichen Aufbereitung und [...] kommunikativen Vermittlung" (ebd., S. 655) von Corporate Messages.

2.3 Strategien zur Vermittlung von Corporate Messages

Die Übertragung von Unternehmensbotschaften eröffnet den Blick auf verschiedene Kommunikationsmodi, mittels derer Journalisten und Kommunikationsmanager ihr Publikum bezugsgruppengerecht ansprechen und durch das kontextuelle Einbetten von Themen „Zugänge zur Wirklichkeit" (Mast 2016, S. 240 f.) legen können. Die Kommunikationsformate sind Abbild dessen, *wie* Content kommuniziert wird (vgl. Mast 2016, S. 233; Krüger 2015, S. 77).[3]

Der Großteil der Inhalte der Unternehmenskommunikation und journalistischen Berichterstattung, wie Ereignisse, Fakten und daraus resultierende Konsequenzen, wird durch den *Informationsmodus* transportiert (vgl. Lünenborg 2005, S. 90). Eine Einordnung dieser Sachverhalte ermöglicht der *erklärende* oder *argumentative Kommunikationsmodus*, da er Hintergründe oder Rahmenbedingungen und somit eine Logik der Ereignisse aufzeigt. Im *bewertenden Kommunikationsmodus* bringen Journalisten und Kommunikationsmanager Urteile, Meinungen, Einschätzungen, Interpretationen oder Empfehlungen zum Ausdruck (vgl. Mast 2019, S. 263). Mittels des *Narrationsmodus* stellen sie ein Ereignis im Zeitverlauf dar. Der Modus in dramaturgischer Form weicht von den drei zuvor genannten Strategien ab, da sein Fokus auf der Vermittlungsform, nicht auf der Informationsart liegt. Demnach kann der narrative Modus beispielsweise Fakten, Zusammenhänge, Hintergründe und Bewertungen implizieren (vgl. Lünenborg 2005, S. 90; Huck-Sandhu 2014, S. 655). Dem *Attraktionsmodus* oder *performativen Modus* zufolge ist die Inszenierung eines Ereignisses ausschlaggebend für den Erfolg der medialen Berichterstattung. Folgt man Lünenborgs Vorstellung, dass es sich bei dem Publikum um „neugierig[e], [...] sensationslüstern[e] ZirkusbesucherInnen" (Lünenborg 2005, S. 90,

---

[3] Die Kommunikationsmodi werden in der gängigen Literatur unterschiedlich stark zusammengefasst oder ausdifferenziert (vgl. Krüger 2015, S. 77). Die Systematisierung dieser Abhandlung bezieht sich auf Mast und Lünenborg, sodass sich insgesamt sechs Wege für die Vermittlung von Kommunikationsinhalten feststellen lassen.

Hervorhebung i. O.) handelt, muss eine Bühne „geschaffen werden, auf der das Abweichende, Befremdliche [und] Außergewöhnliche präsentiert werden kann" (ebd.). Die auf Argumentation und Aushandlung ausgerichtete Inszenierung von Content erfolgt im *diskursiven Kommunikationsmodus*. Während Journalisten dieses Format für die Darstellung von Interaktionen verwenden, nutzen Kommunikationsverantwortliche in Unternehmen es für den Dialog oder argumentativen Austausch mit ihren Anspruchsgruppen (vgl. Mast 2019, S. 263; Huck-Sandhu 2014, S. 655).

Mit den Kommunikationsmodi verfolgen Kommunikatoren verschiedene „Strategien der Publikumsansprache" (Mast 2019, S. 263). Abhängig von den Informationsbedarfen der Stakeholder und den Zielen der Unternehmenskommunikation können Corporate Messages „unterschiedlich formatiert" (Krüger 2015, S. 77) und beispielsweise „vollständig, teilweise oder überhaupt nicht narrativ sein" (ebd.). Die Vermittlungswege schließen sich nicht gegenseitig aus, sondern werden, um ein möglichst schlüssiges Gesamtbild für die Stakeholder zu zeichnen, oftmals in Kombination verwendet (vgl. Mast 2019, S. 263).

3 Framing

Nachdem festgelegt wurde, welche Themen im Organisationsumfeld platziert werden sollen (Thematisierungsfunktion), gilt es diese Themen im Unternehmenssinn zu interpretieren (Themengestaltungsfunktion), um den Anspruchsgruppen mittels eines Deutungsrahmens Orientierung zu verschaffen. Für die Aufbereitung von Unternehmensbotschaften verwenden Kommunikationsmanager neben den Modi verschiedene Kommunikationsinstrumente, die Bruhn definiert als „das Ergebnis einer gedanklichen Bündelung von Kommunikationsmaßnahmen nach ihrer Ähnlichkeit" (Bruhn 2015, S. 6). Wie erläutert, widmet sich diese Abhandlung zwei komplementären Techniken für die Steuerung von Content und der Rezeption seiner Empfänger, dem Framing und dem Storytelling. Begonnen wird mit der Erläuterung des Framing-Ansatzes.

3.1 Begriffliche Annäherung: Frame und Framing

Die kommenden Ausführungen folgen dem Versuch, ein Verständnis der Begrifflichkeiten „Frame" und „Framing" zu vermitteln.[4]

Obwohl insbesondere im englischsprachigen Raum von der Framing-Theorie die Rede ist, besteht in der Literatur kein kohärentes Netz theoretischer Aussagen (vgl. Matthes 2014, S. 10 f.). Die Grundidee des Framings ist innerhalb verschiedener wissenschaftlicher Disziplinen beheimatet und findet in unterschiedlichsten Kontexten Anwendung, sodass die Publizistik sehr heterogene Bedeutungen für die Begrifflichkeiten zur Verfügung stellt. Bereits 1999 stellte Hallahan in einer umfassenden Literaturrecherche über 1.000 Framing-Quellen in der wissenschaftlichen Literatur fest (vgl. Hallahan 1999, S. 209). Eine Reihe wissenschaftlicher Arbeiten verwendet den Begriff des „Frames" zwar, leitet ihre Aussagen jedoch nicht aus einer Framing-Theorie ab, sodass das Konzept nur schwer fassbar und schlüssig darzulegen ist (vgl. Matthes 2014, S. 10). Die Vielzahl an Forschungsarbeiten zeugt zunächst von der hohen Aktualität und Relevanz des Ansatzes, zeigt aber auch, dass „weder ein theoretischer Konsens in der Framing-Forschung existiert, noch

---

[4] In diesem Zusammenhang sollte betont werden, dass die Termini in dieser Arbeit sowohl aus Kapazitätsgründen als auch aufgrund der Vielzahl vorhandener Definitionen mitnichten hinreichend erläutert werden können. Die ausführlichen kommunikationswissenschaftlichen Arbeiten von Scheufele, Dahinden und Matthes haben die methodische und theoretische Beschäftigung mit dem Framing-Ansatz in Deutschland wesentlich vorangetrieben, sodass ihre Aufsätze in diesem Kapitel besondere Berücksichtigung finden (vgl. Völker 2015, S. 53; Matthes 2014, S. 10).

überhaupt der Stellenwert des Ansatzes innerhalb der Kommunikationswissenschaft geklärt ist" (Matthes 2007, S. 19). Robert Entman schildert die Heterogenität des Begriffs bereits 1993 wie folgt:

„Despite its omnipresence across the social sciences and humanities, nowhere is there a general statement of framing theory that shows exactly how frames become embedded within and make themselves manifest in a text, or how framing influences thinking" (Entman 1993, S. 51).

Er fordert daher die Konstruktion einer kohärenten Theorie, eines Schlüsselkonzeptes (vgl. ebd.). Die Uneinheitlichkeit der Begriffe spiegelt sich auch in der häufigen Verwendung des Ausdrucks „Framing-*Ansatz*" wider, wobei dem Terminus ebenso häufig der Status einer Theorie (Dahinden 2006), eines Paradigmas (Entman 1993) oder eines Forschungsprogramms (D'Angelo 2002) zugesprochen wird.[5] Die geschilderte Vielseitigkeit erschwert zwar das Vorhaben dieser Arbeit, Paul D'Angelo sieht in dieser vermeintlichen Schwäche jedoch eine Stärke und gibt zu bedenken, dass die konzeptionelle Vielfalt und die verschiedenen Traditionen des Framings den Ansatz weiterbringen als ein einheitliches Begriffsverständnis (vgl. D'Angelo 2002, S. 870).

Die weiteren Ausführungen werden zeigen, dass die Frame- und Framing-Definitionen von der jeweiligen Fachdisziplin, in der sie Anwendung finden, abhängen. Zunächst wird sich auf einige medien- und kommunikationswissenschaftliche Grundannahmen beschränkt.

Vorab sollte die Frage der Sprachauswahl geklärt werden, in deren Zuge bereits eine definitorische Annäherung erfolgt. In der Fachliteratur wird sowohl der deutsche Ausdruck des „(Deutungs-)Rahmens" als auch der englische Begriff des „Frames" verwendet. Laut Dahinden handelt es sich in beiden Fällen um eine Metapher, sodass man zunächst annehmen könnte, die Differenzierung der Termini relativiere sich (vgl. Dahinden 2006, S. 27 f.).

---

[5] Eine nähere Betrachtung der Status würde weder der Komplexität noch dem Ziel dieses Kapitels zugutekommen, sodass eine Differenzierung der Begrifflichkeiten in dieser Abhandlung nicht vorgesehen ist und die Bezeichnungen synonym verwendet werden.

Du Marsais beschrieb eine „Metapher" in seinem „Traité des tropes" (II,10) in Anlehnung an Aristoteles als

„eine Figur, durch welche sozusagen die eigentliche Bedeutung eines Wortes auf eine andere Bedeutung übertragen wird, die ihr nur durch die Kraft eines Vergleiches im Geiste zukommt" (Du Marsais, zit. n. Nöth 2000, S. 342).

Besonders in der Wissenschaft ist der Gebrauch von Metaphern nicht gern gesehen, was in Anbetracht der Ubiquität von Methapern im Widerspruch zu ihrer häufigen Anwendung in der Empirie steht (vgl. Dahinden 2006, S. 79; Nöth 2000, S. 348). Da Metaphern auf der „höchsten Abstraktionsebene der theoretischen Konzepte" (Dahinden 2006, S. 79) angesiedelt sind, dienen sie in der Framing-Forschung vor allem der Beschreibung spezifischer Frames im Sinne wissenschaftlicher Beobachtungsdimensionen (vgl. ebd., S. 80). Wenngleich Frames von etlichen Forschern als Metaphern bezeichnet werden und die sprachlichen Konzepte Gemeinsamkeiten aufweisen, sind sie nicht deckungsgleich. Dies zeigt sich unter anderem daran, dass von der Existenz von Frames nicht auf das Vorhandensein von Metaphern geschlossen werden kann und andersherum (vgl. ebd.).

Auch im Hinblick auf die Begrifflichkeiten „Rahmen" und „Frame" ist eine gewisse empirische Überschneidung festzustellen, jedoch geht auch hier keines der Konzepte im jeweils anderen vollständig auf. Obwohl bei der Übersetzung des englischen Wortes Übereinstimmung „im Sinne einer äußeren Begrenzung" (ebd., S. 28 f.) physischer Objekte besteht, mangelt es dem Begriff „Rahmen" am Einbezug einer „inneren Struktur, die das jeweilige Objekt stützt und zusammenhält" (ebd., S. 28). Darüber hinaus sollte bedacht werden, dass die Verwendung des deutschen Terminus allzu leicht annehmen lässt, es handele sich um einen Alltagsbegriff, auch wenn Friedrichs zu verstehen gibt, dass „die Übernahme von Ausdrücken aus der angelsächsischen Literatur kein Definitionsersatz" (Friedrichs 1990, S. 80) ist (vgl. Dahinden 2006, S. 28).

Auch aufgrund der Tatsache, dass in der Fachliteratur überwiegend der englische Begriff gebraucht wird und in den deutschen Medien- und Kommunikationswissenschaften eine Vielzahl englischsprachiger Termini existiert, bedienen sich die nachfolgenden Ausführungen überwiegend des Begriffs des „Frames".

Dahinden definiert „Framing" als „diejenigen Prozesse [...], bei denen Deutungsmuster in der Informationsverarbeitung aktiviert werden" (Dahinden 2006, S. 28), Deutungsmuster wiederum stellen nach Meuser und Sackmann „eine eigene Dimension sozialer Wirklichkeit" (Meuser/Sackmann 1992, S. 19) dar. Pan und

Kosicki beschreiben das Verb „Framing" und seine Konsequenzen wie folgt: „framing is viewed as placing information in a unique context so that certain elements of the issue get a greater allocation of an individual's cognitive resources" (Pan/Kosicki 1993, S. 57). Matthes schlägt vor, „Framing" als „den aktiven Prozess des selektiven Hervorhebens von Informationen und Positionen" (Matthes 2014, S. 10 f.) und „Frames" als die Ergebnisse dieses Vorgangs zu definieren.

Angelehnt an die Kernprozesse des Framings definiert Gitlin „Frames" als „principles of selection, emphasis and presentation composed of little tacit theories about what exists, what happens, and what matters" (Gitlin 2003, S. 6). Gamson und Modigliani betonen in ihrer viel zitierten Definition die Zuschreibung von Bedeutung durch Frames: „a central organizing idea or story line that provides meaning to an unfold strip of events, weaving a connection among them" (Gamson/Modigliani 1994, S. 376). Während Bonfadelli und Friemel „Frames" als „Tiefenstrukturen, die Texten unterliegen, bzw. [...] Modelle, die zur Analyse von (Medien-)Texten formuliert werden" (Bonfadelli/Friemel 2017, S. 190) begreifen, verstehen andere Autoren „Frames" als „mentale Deutungsmuster" (Huck-Sandhu 2014, S. 657), „kognitive Referenzrahmen" (ebd., S. 656), „Blickwinkel auf ein Thema" (Matthes 2014, S. 9), „Sinnhorizonte" (ebd., S. 10), „mental maps" (mentale Landkarten) (Dunwoody/Griffin 1994, S. 24) oder „coping strategies" (Bewältigungsstrategien) (Dunwoody/Peters 1992, S. 212). Hinsichtlich der Funktion von Frames besteht weitestgehend Einigkeit darüber, dass sie bestimmte Informationen hervorheben, neues Wissen strukturieren und anschlussfähig machen, Informationen in einen größeren Zusammenhang stellen, Komplexität reduzieren, Erlebnissen Sinn verleihen und sich maßgeblich auf die Wahrnehmung neuer Reize auswirken (vgl. Benford/Snow 2000, S. 614; Huck-Sandhu 2014, S. 657; Dahinden 2006, S. 193 f.; Entman 1993, S. 53).

Die meist zitierte Definition des Frame-Begriffs stammt von Robert Entman, dessen Forschungsschwerpunkt auf der Macht von Frames bzw. der verzerrten Berichterstattung lag. In seiner Definition führt Entman die Bestandteile eines Frames und die Kernprozesse des Framings an, auf die sich, wie gezeigt, etliche Forscher bis heute beziehen:

„To frame is to select some aspects of a perceived reality and make them more salient in a communicating text, in such a way as to promote a particular problem definition, causal interpretation, moral evaluation, and/or treatment recommendation for the item described" (Entman 1993, S. 52).

„Salience" wiederum beschreibt er als „making a piece of information more noticeable, meaningful, or memorable to audiences" (ebd., S. 53). Entman zufolge thematisiert ein Frame eine bestimmte Angelegenheit oder ein Problem, schreibt Verantwortung zu, gibt eine moralische Bewertung ab und legt eine Handlungsempfehlung nahe.

Unter anderem Matthes vertritt die Auffassung, dass sich Frames sowohl in den transportierten Medieninhalten als auch in den „kognitiven Apparat[en] de[r] Menschen" (Matthes 2014, S. 10) ausmachen lassen, weshalb es einen Begriff benötige, „um die Frames in unseren Köpfen" (ebd., S. 27) zu benennen. Um dies zu tun, wird häufig der Terminus „Schema" verwendet:

Der Veranschaulichung des Schema-Konzeptes dient das Bild eines Schubladensystems. Dieser Vorstellung zufolge verfügen Menschen über eine unendliche Anzahl von Schubladen im Gehirn, die mit Wissen über sämtliche Objekte gefüllt sind. Wird eine Information verstanden, öffnet sich die entsprechende Schublade. Wird ein Reiz nicht erkannt, bleibt sie verschlossen und es bildet sich eine neue Schublade heraus, in der die gewonnene Information abgelegt wird (vgl. ebd.). Graber definiert den Begriff „Schema" wie folgt:

> „In a nutshell, a schema is a cognitive structure consisting of organized knowledge about situations and individuals that has been abstracted from prior experiences. It is used for processing new information and retrieving stored information" (Graber 1984, S. 23).

Matthes und Scheufele stimmen darin überein, dass Schemata als „vorstrukturierte, relativ stabile Wissenspakete" (Matthes 2014, S. 27) und Frames als „Bündel an Schemata" (Scheufele 2003, S. 214) verstanden werden können. Wenngleich Grabers Schema-Verständnis starke Parallelen zu einigen Frame-Definitionen aufweist, gibt Dahinden zu bedenken, dass der Framing-Ansatz in seiner Gesamtheit interdisziplinär und die Schemata-Theorie in der Kognitionspsychologie beheimatet ist. Ein weiterer Unterschied der Konzepte bestehe unter anderem darin, dass das Schema-Konzept der Klärung intrapsychischer Informationsverarbeitungsprozesse dient und das Framing-Konzept soziologische und sozialpsychologische Aspekte von Wahrnehmungsmustern fokussiere (vgl. Dahinden 2006, S. 93).

3.2 Multidisziplinäre Ursprünge der Framing-Forschung

Wie erläutert, reichen die Wurzeln des Framing-Ansatzes in verschiedene akademische Disziplinen. Da die Ausrichtungen der Wissenschaften für ihre jeweiligen Frame- und Framing-Definitionen grundlegend sind, werden in diesem Kapitel psychologische, ökonomische, soziologische und kommunikationswissenschaftliche Framing-Ursprünge samt ihren bedeutendsten Vertretern vorgestellt und die bereits aufgeführten Definitionen um weitere ergänzt.

3.2.1 Die psychologische und ökonomische Tradition

Der Anthropologe und Psychiater *Gregory Bateson* verwendete den Frame-Begriff als Erster in einem wissenschaftlichen Kontext, als er sich 1952 während eines Zoobesuches in San Francisco fragte, wie die tobenden Affen ihr Verhalten gegenseitig als Spiel interpretieren können (vgl. Bateson 1972, S. 179). Seiner Einschätzung zufolge enthalten Handlungen neben ihrem eigentlichen Inhalt eine *metakommunikative Nachricht*, durch die der Kommunikationspartner die intendierte Handlung des anderen richtig interpretieren kann: einen Frame. Batesons besonderes Erkenntnisinteresse besteht in der Erschließung des Frame-Begriffs für die Psychotherapie, sodass er psychologischen Frames durch den Ein- und Ausschluss von Nachrichten inklusive und exklusive Funktionen zuschreibt (vgl. ebd., S. 187). Diese Frame-Funktionen können analog auf das deutsche Wort des Rahmens bezogen werden, der dem Betrachter eines Bildes zu verstehen gibt, nur Dingen innerhalb des Bilderrahmens Beachtung zu schenken (vgl. ebd.). Der Psychiater verweist auf die hierarchische Struktur von Frames und schildert, dass ein vordergründiges Element erst vor seinem Hintergrund erkennbar wird, der wiederum durch einen äußeren Rahmen begrenzt ist.

Batesons Frame-Verständnis in Bezug auf die Psychotherapie führt dazu, dass er Schizophrenie definiert als

> „the patients failure to recognize the metaphoric nature of his fantasies [...] [and] the loss of the ability to set metacommunicative frames" (ebd., S. 190).

Bateson zufolge besteht erfolgreiche Psychotherapie demnach in der Anpassung der Muster, nach denen ein Patient Nachrichten aufnimmt, wofür Metakommunikation, sprich Kommunikation über die Aufnahme von Kommunikationsinhalten, notwendig sei (vgl. ebd., S. 191).

Bei Betrachtung der interdisziplinären Framing-Ursprünge in der gängigen Publizistik fällt auf, dass einige Autoren, wie Matthes, nicht die Ideen Batesons als Quell des psychologischen Framing-Ansatzes betrachten, sondern die entscheidungspsychologischen Arbeiten von *Tversky und Kahneman* (vgl. Matthes 2014, S. 26). Dahinden hingegen kategorisiert dessen Forschung als „eindeutig [...] ökonomische Untersuchung" (Dahinden 2006, S. 54) und räumt gleichzeitig ein, die Arbeiten seien an der Grenze zwischen Ökonomie und Psychologie anzusiedeln (vgl. ebd.). Die Studie der Autoren ist zwar älteren Datums, ihre Erkenntnisse sollen an dieser Stelle jedoch zumindest kurz erläutert werden, da sie in zahlreichen Untersuchungen repliziert wurden, exemplarisch zentrale Entscheidungsprozesse aufseiten der Rezipienten verdeutlichen und Kahneman für seine Arbeiten 2002 schließlich den Nobelpreis für Ökonomie erhalten hat (vgl. ebd.).

Tversky und Kahneman definieren Frames nicht explizit, sondern implizit durch ihr methodisches Vorgehen und beschreiben sie als *sprachlich unterschiedliche Formulierungen von identischen Entscheidungsobjekten* (vgl. Kahneman/Tversky 1981, S. 453; Dahinden 2006, S. 54). Um es präziser zu fassen, kommen sie zu dem Ergebnis, dass das menschliche Entscheidungsverhalten von einer vermittelten Gewinn- oder Verlustperspektive abhängig ist.

Iyengar konstatiert:

> „The concept of framing refers to the effects of presentation on judgment and choice. In the psychological literature, it is well known that individuals' choices vary dramatically depending upon whether the options are presented as potential gains or losses" (Iyengar 1996, S. 61).

Diese Erkenntnis gewannen Tversky und Kahneman durch ein Experiment, in dem sich Probanden zwischen zwei Strategien zur Bekämpfung einer asiatischen Krankheit entscheiden sollten. Bei Anwendung der ersten Strategie, so prophezeite man ihnen, würden 200 von 600 Personen überleben, die zweite Strategie prognostizierte den Tod zweier Drittel von 600 Personen. Obwohl gewiss beide Maßnahmen dasselbe Resultat ankündigten, gaben 72 % an, die erste Maßnahme, die einen positiven Frame (Überleben) vermittelte, zu bevorzugen, nur 28 % der Probanden würden die zweite Maßnahme, die einen negativen Blickwinkel (Sterben) transportierte, ergreifen wollen (vgl. Kahneman/Tversky 1981, S. 453).

3.2.2 Die soziologische Tradition

Kurze Zeit später übernahm *Erving Goffman* den Frame-Begriff Batesons und veröffentlichte 1974 das wegweisende Werk „Frame Analysis", die deutsche Ausgabe erschien 1980 unter dem Titel „Rahmenanalyse". Die Überlegungen Goffmans gelten als Meilenstein der Framing-Forschung und als meist beachteter Framing-Ansatz in der Soziologie. Pan und Kosicki fassen Goffmans Grundannahme wie folgt zusammen: „Erving Goffman's (1974) Frame Analysis maintains that we all actively classify, organize, and interpret our life experiences to make sense of them" (Pan/Kosicki 1993, S. 56). Goffman selbst beschreibt seinen Denkansatz wie folgt: „This book is about the organization of experience – something that an individual actor can take into his mind – and not the organization of society" (Goffman 1986, S. 13). Goffman orientiert sich an der Definition Batesons und versteht Frames als *Organisationsprinzipien* von *Erfahrungen* und *Situationsdefinitionen*, die die Wahrnehmung der sozialen „Realität" im Alltag organisieren (vgl. ebd., S. 10), um es in Willems Worten zu sagen „mehr oder weniger komplexen *generellen* (Meta-) Verstehensanweisung[en]" (Willems 1997, S. 35, Hervorhebung i. O.). Goffman zufolge können Situationen erst durch die sinnvolle Strukturierung von Alltagserlebnissen erkannt werden, sodass Rahmen Situationen Sinn verleihen. Im Alltag stellten Menschen immer wieder die Frage „What is it that's going on here?" (Goffman 1986, S. 8), die Antwort erfolge stets in Abhängigkeit von dem angewandten Frame. Das Erkenntnisinteresse des Soziologen führte schließlich dazu, dass sein Konzept in medien- und kommunikationswissenschaftlichen Abhandlungen vergleichsweise wenig thematisiert wird und oftmals lediglich der Hinweis erfolgt, dass Goffman der „Schöpfer" des Frame-Begriffs sei (vgl. Dahinden 2006, S. 38; Scheufele 2003, S. 43). Auch aufgrund des unspezifischen Niveaus, auf dem Goffmans Frame-Begriff verbleibt, bemängelt unter anderem Matthes, könnten Aussagen „vom Vater der Framing-Forschung [...] [kaum] fruchtbar übernommen und umgesetzt werden" (Matthes 2014, S. 25).

3.2.3 Die kommunikationswissenschaftliche Tradition

In der empirischen Medien- und Kommunikationswissenschaft ist die Framing-Theorie vergleichsweise spät rezipiert worden, konnte sich jedoch rasch großer Popularität erfreuen (vgl. Bonfadelli/Friemel 2017, S. 189). Der 1993 erschienene, viel zitierte Aufsatz „Framing: Towards a Clarification of a Fractured Paradigm" von *Robert Entman* hat die Framing-Forschung innerhalb der Kommunikationswissenschaften maßgeblich geprägt und nach Veröffentlichung zu einem regelrechten

Forschungsboom geführt. In der medien- und kommunikationswissenschaftlichen Framing-Forschung geht es, um es auf den Goffman'schen Punkt zu bringen, darum, in welchem Maße die mediale Berichterstattung die Konstruktion von Situationsdefinitionen beeinflusst (vgl. Sielschott 2012, S. 43). Pan und Kosicki präzisieren dies und erläutern, der kommunikationswissenschaftliche Ansatz frage danach, wie es strategischen Kommunikatoren gelinge, Frames in den Medien zu platzieren, wie Journalisten Themen strukturieren, welche Frames sich in den Medieninhalten identifizieren lassen und welche Blickwinkel die Rezipienten aufgrund der Medienberichterstattung einnehmen (vgl. Pan/Kosicki 1993, S. 55, S. 57 ff.; Sielschott 2012, S. 43).

Die Ausführungen von Pan und Kosicki verdeutlichen, dass Frames auf allen Ebenen des massenmedialen Kommunikationsprozesses (Public Relations, Journalismus, Medieninhalte, Publikum) zu identifizieren sind und die Framing-Theorie verschiedene Teildisziplinen der Kommunikations- und Medienwissenschaften integriert: „Who [*Kommunikatorforschung*] – Says What [*Medieninhaltsforschung*] – In Which Channel [*Medienforschung*] – To Whom [*Rezipientenforschung*] – With What Effect? [*Wirkungsforschung*]" (Lasswell 1964, S. 37; vgl. Dahinden 2006, S. 16). Hinsichtlich dieser unterstellten Linearität sollte bedacht werden, dass Feedbackschleifen zwischen Publikum und Medien, Medien und Kommunikatoren sowie Rezipienten und Kommunikatoren bestehen, sodass mitnichten von einem linearen Kommunikationsprozess gesprochen werden kann (vgl. Matthes 2007, S. 21). Darüber hinaus steht das Framing als „integrativer Theorieansatz" (Dahinden 2006, S. 16) im Widerspruch zur Spezialisierung der Gesamtdisziplin und führt zu einer Paradoxie der Ausdifferenzierung durch Integration. Die Differenzierung der einzelnen Teilbereiche ist ein zweischneidiges Schwert (vgl. ebd.): Obgleich einzelne Forschungsbereiche präziser und tiefgreifender untersucht werden können, beklagt Langenbucher den herrschenden „Ansatzismus" (Langenbucher 2005, S. 183) und während Saxer die Kommunikationswissenschaft als ein „Nebeneinander von bloß punktuell koordinierten Teildisziplinen" (Saxer 1997, S. 18) kritisiert, bemängeln Kuncik und Zipfel den ungenügenden Einbezug von Einzelbefunden (vgl. Kuncik/Zipfel 2001, S. 61).

Die vielseitigen Anwendungsmöglichkeiten des Framing-Ansatzes haben zu einer erstaunlich hohen Forschungsproduktivität geführt, weshalb die Anzahl empirischer Untersuchungen und theoretischer Ansätze kaum noch überschaubar ist.

Auch diesen Umstand beschrieb Entman bereits 1993: „Indeed, the concept of framing is important enough in the many fields of inquiry that use it to a merit a book-length essay" (Entman 1993, S. 57). Damit ist auch die zentrale Schwäche der Framing-Forschung genannt (vgl. Dahinden 2016, S. 13).

3.3 Framing im medialen Kommunikationsprozess: Frame-Arten

Wiedergegeben wurde bereits Matthes' Auffassung, dass Frames sowohl in den Köpfen eines Publikums als auch in den Inhalten der Medienberichterstattung auffindbar sind. Ergänzend dazu wurde erläutert, dass sich Frames auf allen Stufen des medialen Kommunikationsprozesses erkennen lassen. Auch Entman nimmt in seiner Arbeit eine Verortung von Frames vor, die etliche Framing-Aufsätze bis heute prägt: „Frames have at least four locations in the communication process: the communicator, the text, the receiver, and the culture" (Entman 1993, S. 52).

Kommunikatoren sind beispielsweise Pressesprecher, die organisationsrelevante Themen definieren (Thematisierungsfunktion) und mit Deutungsmustern in der Anspruchsgruppe platzieren (Themengestaltungsfunktion), oder Journalisten, die Informationen aus einer Vielzahl unterbreiteter Angebote auswählen und in die Berichterstattung aufnehmen (vgl. ebd.). Die Frames von Kommunikationsverantwortlichen benennen viele Autoren als *„Kommunikator-Frames"* (vgl. Huck-Sandhu 2014, S. 657; Matthes 2007, S. 20).

Die zweite Frame-Art nach Entman ist unmittelbar in Texten identifizierbar. Frames in den Inhalten der Unternehmenskommunikation, sogenannte *Botschaft-Frames*, können beispielsweise durch Inhaltsanalysen aufgedeckt und explizit für die Gestaltung von Corporate Messages genutzt werden (vgl. Entman 1993, S. 52; Huck-Sandhu 2014, S. 658). In der journalistischen Berichterstattung ist ebenfalls von „Medien-Frames" die Rede. Eine besonders häufig zitierte Definition eines (Medien-)- Frames stammt von James Tankard, auf die an dieser Stelle nicht verzichtet werden soll:

> „A frame is a central organizing idea for news content that supplies a context and suggests what the issue is through the use of selection, emphasis, exclusion, and elaboration" (Tankard 2001, S. 100 f.).

Die Frames der Anspruchsgruppen einer Organisation oder des Medienpublikums werden häufig als *„Rezipienten-Frames"* bezeichnet (vgl. Huck-Sandhu 2014, S. 657; Entman 1993, S. 52). Dieser Frame-Art kommt hinsichtlich des Themenmanagements eine besonders hohe Bedeutung zu, da Corporate Messages so aufbereitet werden sollten, dass sie an die Frames der Rezipienten anschließen.

Verschiedene Anspruchsgruppen teilen bestimmte Deutungsmuster. *Kulturelle Frames* sind demnach die Gesamtheit aller Frames, die eine soziale Gruppe gemein hat (vgl. Huck-Sandhu 2014, S. 658; Entman 1993, S. 53). Auch zwischen Kommunikator- und kulturellen Frames lässt sich eine Querverbindung erkennen, da Kommunikationsangebote stets vor dem Hintergrund kollektiver Deutungsmuster entwickelt, kommuniziert und wahrgenommen werden (vgl. Huck-Sandhu 2014, S. 658).

3.4 Framing als Technik des Themenmanagements

Nachdem die Begriffe „Frame" und „Framing" bisher relativ allgemein auf hohem Abstraktionsniveau erläutert wurden, gilt es nun die Konzepte genauer auf die Unternehmenskommunikation zu beziehen.

Häufig wird Framing in der gängigen Publizistik als „Gestaltungsansatz der Unternehmenskommunikation" (ebd., S. 659) beschrieben, selten jedoch präziser ausgeführt. Eine Zusammenfassung empirischer und theoretischer Ergebnisse lässt Huck-Sandhu zwei Framing-Ansatzpunkte erkennen: Zum einen fungiert Framing als Technik und Instrument, als „framing device", für die Gestaltung von PR-Inhalten, zum anderen dient Framing als *Strategie* für die Platzierung unternehmensrelevanter Themen im öffentlichen Diskurs (vgl. Huck-Sandhu 2014, S. 659; Gamson/Modigliani 1989, S. 3; Pan/Kosicki 1993, S. 59). Entwickeln und vermitteln Kommunikatoren Frames medial, um sich im Wettbewerb zu anderen Akteuren durchzusetzen, ist mit diesem Vorgang das *strategische Framing* beschrieben (vgl. Völker 2015, S. 113). John Noakes und Hank Johnston verstehen den Terminus wie folgt:

> „strategic framing is not so much about the creation of new ideas or the presentation of the greatest truth, but the splicing together of old and existing ideas and the strategic punctuation of certain issues, events or beliefs" (Noakes/Johnston 2005, S. 8).

Raupp und Völker thematisieren einen weiteren, äußerst bedeutsamen Aspekt des (strategischen) Framings, dem bisher nur beiläufig Beachtung geschenkt wurde. Sie sehen die

> „Entwicklung einer Framing-Strategie als eine kontingente mentale Konstruktion von Wirklichkeit mit dem Ziel, spezifische organisationale Deutungen in öffentlichen Diskurswettkämpfen durchzusetzen" (Raupp/Völker 2014, S. 129 f.).

Die hier geschilderte „Konstruktion von Wirklichkeit" (ebd.) ist ein elementarer Wirkmechanismus des Framings. Während Frames auf Mikro- und Mesoebene darüber entscheiden, wie Personen und Organisationen wahrnehmen und wahrgenommen werden, prägen sie auf Makroebene die Weltanschauung einer Gesellschaft. Als individuelle und kollektive Wirklichkeitsauffassungen erzeugen Frames Realitäten, die nicht natürlich gegeben, sondern konstruiert sind: „to frame is to select some aspects of a *perceived* reality" (Entman 1993, S. 52).

Der Wettbewerb um die Durchsetzung des eigenen Blickwinkels im öffentlichen Diskurs wird auch als „Kampf um die Deutungshoheit" (Matthes 2014, S. 9) bezeichnet. Mittels „belief systems" (Gerhards/Rucht 1992, S. 575) versuchen Akteure, diese „Deutungshoheit zu erringen und Anhänger [zu] mobilisieren" (vgl. Scheufele 2003, S. 41 f.) In diesem Kontext kann Framing als sozialer Prozess definiert werden, der zur öffentlichen Meinungsbildung beiträgt: „citizen discussion gives rise to public opinion, ‚which, when organized, is democray'" (Cooley, zit. n. Price et al. 2005, S. 180).

Durch die öffentliche Platzierung von Frames sind Kommunikationsverantwortliche imstande, gesellschaftliche Diskussionsprozesse zu initiieren (vgl. Völker 2015, S. 54). Medien fungieren in diesem Kontext als Resonanzraum für verschiedene Frames und sind einerseits die Arena, in die sich die Akteure begeben, andererseits sind sie die Produzenten des Mediendiskurses, den Gamson und Modigliani definieren als „set of interpretive packages that give meaning to an issue" (Gamson/Modigliani 1989, S. 3). Darüber hinaus sind Medien selbst Akteure und weisen aus „institutionenökonomischer Sicht die Charakteristik von Institutionen" (Kiefer 2010, S. 77) auf. Da strategische Frames im Spannungsfeld zwischen den Zielen einer Organisation und den an sie herangetragenen Erwartungen der Anspruchsgruppen entstehen, sind Framing-Strategien äußerst umweltsensibel und Akteure gezwungen, auf Grundlage ihres institutionellen Kontextes unter sich wandelnden Umweltbedingungen zu agieren (vgl. Völker 2015, S. 114).

Ziel des strategischen Framings ist, wie bereits angedeutet, a) eigene Themen und Positionen im öffentlichen Diskurs durchzusetzen („Kampf um die Deutungshoheit"), b) Handlungen oder Handlungsvorschläge zu legitimieren („License to operate") und c) Anhänger zu mobilisieren und Unterstützung aus der Bevölkerung zu erlangen (vgl. ebd., S. 115). Anhand des Beispiels sozialer Bewegungen wird deutlich, wie zu eigen gemachte Themen und Positionen in der Öffentlichkeit Aufmerksamkeit erzielen, Unterstützung erhalten, Legitimation erfahren und schließlich durchgesetzt werden können (vgl. Benford/Snow 1992, S. 135). Soziale

Bewegungen definieren „starke Themen-Frames" (Huck-Sandhu 2014, S. 659), die mittels konsequenter Kommunikation „normative Geltungskraft" (Scheufele 2003, S. 44) erreichen. Etliche Studien haben gezeigt, dass solche „Master-Frames" oft unmittelbaren Eingang in die Medienberichterstattung finden und sich infolgedessen auf die Einstellung der Öffentlichkeit auswirken (vgl. Huck-Sandhu 2014, S. 659; Benford/Snow 1992, S. 134; Benford 2013). Je klarer der Themenfokus eines Master-Frames und je enger seine Bündelung, desto höher ist die Chance auf Übernahme in den Medien (vgl. Huck-Sandhu 2014, S. 659). Huck-Sandhu resümiert, dass die „strategische Ausrichtung des Framings" (ebd., S. 660) die Basis für den Einsatz des Framings als Technik bildet, weshalb sich Corporate Messages „als Master-Frames im Sinne der Kernthemen einer Organisation" (ebd.) beschreiben lassen.

3.5 Zur Differenzierung von Framing und Agenda-Setting: ein Exkurs

Eingangs wurde das Themenmanagement als korporatives Agenda-Setting bezeichnet und in Analogie zur Thematisierungs- und Themengestaltungsfunktion das First- und Second-Level-Agenda-Setting beschrieben. Ausgangspunkt dieser Differenzierung war die Unterscheidung zwischen Objekten und Attributen, die diesen Objekten zugeschrieben werden (vgl. McCombs/Ghanem 2001, S. 68). Wenn der „Wichtigkeitstransfer eines Objektes" (Matthes 2014, S. 70 f.) stattfindet, ist mit diesem Vorgang das First-Level-Agenda-Setting beschrieben, mit dem „Wichtigkeitstransfer von Attributen" (ebd.) Second-Level-Agenda-Setting. Die zugeschriebenen Attribute können sich wiederum auf die Relevanz eines Themas auswirken:

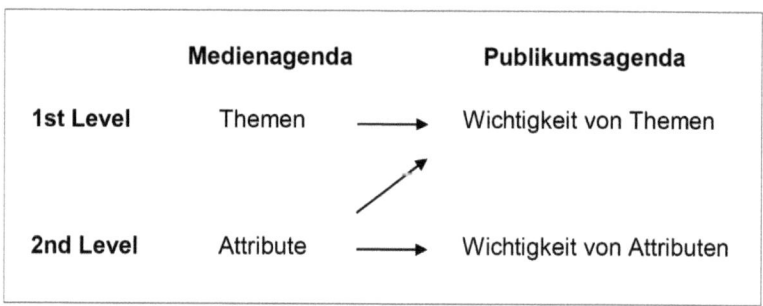

Abbildung 1: First- und Second-Level-Agenda-Setting
Quelle: eigene Darstellung in Anlehnung an Maurer 2010, S. 70

Der bisherige Leitgedanke oder die grundsätzliche These von Bernhard C. Cohen (1963), dass Medien Rezipienten nicht vorschreiben, *was* sie denken sollen, sondern lediglich *worüber*, muss angesichts des Second-Level-Agenda-Settings laut einigen Autoren revidiert werden (vgl. McCombs et al. 1997, S. 704).

Nachdem nun auch der Framing-Ansatz beschrieben wurde, stellt sich dem aufmerksamen Leser die Frage nach dem Unterschied beider Konzepte. Wenngleich die Differenzierung der Theorien keinen Beitrag zur Beantwortung der Fragestellung leistet, scheint sie hinreichend interessant, um sich ihr zumindest in verkürztem Umfang zu widmen:

> „The agenda-setting role of the mass media converges with many other paradigms in the communication field, including framing, priming, gatekeeping, cultivation and the spiral of silence. The similarities and differences between agenda setting and framing are currently one of the most discussed of these theoretical connections" (McCombs/Venezuela 2007, S. 47).

Der Unterscheidung zwischen Framing und (Second-Level-)Agenda-Setting haben sich etliche Forscher gewidmet und vertreten zum Teil stark unterschiedliche Auffassungen, sodass diese Debatte noch immer und ein einheitliches Verständnis nach wie vor nicht besteht. Während einige Autoren das klassische Agenda-Setting als übergeordneten Effekt und Framing als Second-Level-Agenda-Setting auffassen, sehen andere nur geringfügige Übereinstimmungen und betonen die Unterschiede der Ansätze.

Folgende Gemeinsamkeiten der Framing- und Agenda-Setting-Theorie veranlassen einige Autoren dazu, Framing als Erweiterung des Agenda-Settings zu betrachten und konsequenterweise nur von Second-Level-Agenda-Setting bzw. Attribute-Agenda-Setting zu sprechen (vgl. Scheufele 2003, S. 60; Dahinden 2006, S. 85; McCombs 2014, S. 59; Matthes 2014, S. 70): Beide Konzepte postulieren einen Zusammenhang zwischen Medieninhalten und ihrer Rezeption durch das Publikum, verorten Medienwirkungen mehr auf der kognitiven als auf der Handlungsebene und erheben keinen Anspruch auf die Abbildung einer außermedialen „Wirklichkeit", da sie die „Realität" durch die Auswahl und Präsentation von Themen konstruieren (vgl. Dahinden 2006, S. 84).

McCombs setzt sich besonders für die Integration der Paradigmen ein und argumentiert wie folgt:

> „attribute agenda-setting and framing focus on how the objects of attention in messages [...] are presented. Both attribute agenda-setting and framing explore the extent to which an emphasis on certain aspects and details of these objects influence our thoughts and feelings about them" (McCombs 2014, S. 59).

McCombs und Ghanem definieren Frames als „the central theme of a particular message" (McChombs/Ghanem 2001, S. 78). Den Autoren zufolge können Frames sowohl aus kognitiven als auch affektiven Attributen bestehen (vgl. ebd., S. 70), sodass sie postulieren: „All frames are attributes because they describe an object" (ebd., S. 74). Dieser Auffassung folgend, definieren McCombs, Llamas, Lopez-Escobar und Rey „Framing" in den Worten Entmans und der Sprache des Attribute-Agenda-Settings als die Selektion von Attributen: „framing is the selection of a small number of attributes for inclusion on the media agenda when a particular object is discussed" (McCombs et al. 1997, S. 704). Auf Grundlage dieser Annahmen vertreten die Autoren die Meinung, der Framing-Ansatz könne in den des Agenda-Settings integriert und der Frame-Begriff durch den des Attribute-Agenda-Settings ersetzt werden (vgl. McCombs/Venezuela 2007, S. 47; McCombs/Ghanem 2001, S. 71).

Carragee und Roefs hingegen konstatieren, McCombs Definitionen wichen erheblich von tiefergreifenden Frame-Definitionen ab und werfen den Autoren die Reduktion von Frames auf Themen vor (vgl. Carragee/Roefs 2004, S. 217 f.). Pan und Kosicki schreiben dazu:

> „A theme is not the same as a topic [...] A theme is an idea that connects different semantic elements of a story into a coherent whole [...] Because of this [...] a theme is also called a frame" (Pan/Kosicki 1993, S. 58 f.).

Auch Scheufele meint, McCombs setze den Begriff des Themas ohne hinreichende Erklärung ein und Attribute würden „mal als ‚perspective', mal als ‚frame', ‚element' [...] oder ‚compelling argument'" (Scheufele 2003, S. 61) verstanden werden. Matthes vertritt ebenfalls die Auffassung, der Frame-Begriff fasse mehr als der Attribut-Begriff (vgl. Matthes 2014, S. 73). Obgleich die Ansätze den jeweils anderen peripher thematisieren, betrachten unter anderem Kim et al. (2002), Scheufele (2003) und Dahinden (2006) eine Gleichsetzung weder empirisch noch theoretisch als sinnvoll und schildern, dass die Unterschiede der Theorien zu groß für eine Integration seien (vgl. Dahinden 2006, S. 85).

Dahinden begründet dies wie folgt: Während Agenda-Setting Medienthemen (Issues) fokussiere (First-Level-Agenda-Setting) und Framing in den Hintergrund (Second-Level-Agenda-Setting) stelle, betrachte Framing primär Frames vor dem Hintergrund verschiedener Medienthemen (Issues) (vgl. ebd.). Ein weiterer Unterschied bestehe in der „zeitlichen Dimension von Medienwirkungen" (ebd., S. 87), da sich Agenda-Setting als geeigneter Theorieansatz für die Erforschung kurzfristiger Medienwirkungen erwiesen habe, der Framing-Ansatz indes ein langfristiges Muster der Berichterstattung und Wahrnehmung dessen sei, sodass Frames und Issues getrennt untersucht würden. Darüber hinaus könne ein bestimmter Frame auf verschiedene Themen angewandt, ein Issue unterschiedlich „geframt" werden.

Da die Agenda-Setting-Hypothese ursprünglich eine Abkehr klassischer Persuasionsstudien der 1940er und 50er Jahre war, sieht McCombs eine gewisse Ironie darin, „dass die Konsequenzen des Second-Level-Agenda-Settings uns zu einer auf Einstellungen und Meinungen bezogenen Analyse der Einflusses der Massenmedien zurückführen" (McCombs 2000, S. 133), betrachtet die Konvergenz der Theorien jedoch positiv im Sinne eines gemeinsamen theoretischen Rahmenmodells und dem Entgegenwirken der kommunikationswissenschaftlichen Fragmentierung (vgl. McCombs/Ghanem 2001, S. 79).

Die Frage, ob Framing-Forscher und Agenda-Setting-Forscher dasselbe meinen, wenn sie von einem Frame sprechen, bleibt. Da schon innerhalb der Framing-Forschung kaum Einigkeit über den Begriff besteht, ist es nicht leicht, dies zu beantworten (vgl. Matthes 2014, S. 73). Kim, Scheufele und Shanahan geben zu bedenken, dass eine Gleichsetzung der Konzepte auch deshalb nicht sinnvoll sei, da ohnehin schwer definierbare Begrifflichkeiten noch unschärfer würden (vgl. Kim et al. 2002, S. 8). Inzwischen, so schildert Matthes, betrachte die Framing-Forschung die Eingliederung in die Agenda-Setting-Forschung kritisch. Dem Second-Level-Agenda-Setting könne man jedoch zu Gute halten, dass elementare Konzepte präziser definiert seien, als es der Framing-Begriff ist (vgl. Matthes 2014, S. 73).

3.6 Zusammenfassung

Wenn von einem „Frame" die Rede ist, liefern unter anderem die Vorstellungen eines Deutungsmusters, Interpretationsangebotes, Blickwinkels oder Sinnhorizontes eine weitestgehend widerspruchsfreie Begriffsarchitektur. Während Bateson einen Frame als metakommunikative Nachricht oder genauer gesagt als Muster der Informationsaufnahme von Patienten versteht, sieht Goffman darin Situationsdefinitionen, die die Wahrnehmung von Alltagserfahrungen organisieren. Entman verleiht Frames ein weiteres Moment und schildert, dass sie ein Problem thematisieren, Verantwortung zuschreiben, eine Bewertung abgeben und Handlungsempfehlungen aussprechen. Deutungsmuster strukturieren Informationen und reduzieren ihre Komplexität, machen neues Wissen anschlussfähig, stellen es in einen größeren Zusammenhang und verleihen ihm dadurch einen Sinn. Frames sind aufseiten von Kommunikatoren und Rezipienten individuell, intersubjektiv in der Kultur, unmittelbar in (Unternehmens-)Botschaften, und somit auf allen Stufen des medialen Kommunikationsprozesses zu identifizieren.

Framing ist die Auswahl und Präsentation eines Sachverhaltes mit dem Ziel, eine bestimmte Wahrnehmung dessen aufseiten der Rezipienten herbeizuführen. Mit dem Framing als Instrument einerseits und Strategie andererseits legen Kommunikationsmanager eine spezifische Sichtweise auf organisationsrelevante Themen nahe, stellen ein Verständnis von Realität bereit und tragen somit zur Wirklichkeitskonstruktion der Stakeholder bei.

Wie die Arbeiten von Tversky und Kahneman zeigen, können Frames als unterschiedliche Präsentationen identischer Sachverhalte maßgeblich über das menschliche Entscheidungsverhalten bestimmen. Unternehmen können Frames daher strategisch einsetzen, um als Entscheidungsobjekte selbst möglichst positiv beurteilt zu werden und Handlungen der Anspruchsgruppen im Organisationssinn zu erwirken. Bei erfolgreicher Vermittlung dient das strategische Framing nicht nur der individuellen Wahrnehmungs- und Handlungssteuerung, sondern auch der Etablierung kollektiver Deutungsrahmen, die öffentlichen Diskussionsprozessen zugrunde liegen. Die eigene strategische Rahmung stellt somit insbesondere für legitimationsbedürftige Unternehmen eine Möglichkeit dar, um Akzeptanz und Unterstützung aus der Gesellschaft für die überlebenswichtige Handlungsfähigkeit zu erlangen.

4 Storytelling

Da diese Abhandlung die Wahrnehmungssteuerung durch das Geschichtenerzählen thematisiert, gilt es nach Darlegung des Framing-Ansatzes, sich dem Konzept des Storytellings zu nähern.

In der Kommunikationsbranche suggerieren Modewörter erfolgversprechende Geschäftszweige, denen es zu folgen gilt, um nicht den Anschluss zu verlieren. Es scheint, als liebten die Geschäftstreibenden es, sich in Trendvokabularien auszudrücken, als hätten diese „eine geradezu beschwörende Wirkung" (Kocks 2017, S. IX). Auch ist die Medien- und Kommunikationsbranche des Verkaufs alten Weins in neuen Schläuchen, mitunter durch Verwendung des angloamerikanischen Jargons, nicht unverdächtig (vgl. Krüger 2015, S. 15; Kocks 2017, S. IX). So geschieht es, dass man etwas „Storytelling" nennt, was das Erzählen von Geschichten meint (vgl. Kocks 2017, S. IX). Während von der Unternehmenskommunikation kostenlos ausgegebene und teuer produzierte, fünffarbig-hochglanzlackierte Jahresberichte meist ungelesen im Mülleimer ihrer Empfänger verschwinden, bleiben Menschen, auch angesichts eines langen Arbeitstages, bis tief in die Nacht wach, um einen Bestseller zu lesen (vgl. Etzold 2017, S. 3). Geschichten lösen seit jeher eine besondere Faszination bei Menschen aus (vgl. Schach 2017a, S. V). Dies haben auch diverse Fachdisziplinen erkannt und sich dem professionellen Erzählen von Geschichten in Text, Bild und Film gewidmet. Nicht nur in den amerikanischen und inzwischen auch deutschen Medien- und Kommunikationswissenschaften erfreut sich Storytelling einer großen Beliebtheit, auch in der Unternehmenskommunikation ist es ein äußerst populäres Instrument geworden: „Forget about Power-Point and statistics. To move people at the deepest level, you need stories" (McKee 2003, S. 51). Kaum ein Agenturpitch kommt mehr ohne die Chancen des Geschichtenerzählens aus, kaum ein Fachkongress ohne die entsprechende Keynote, kaum ein Verlagsprogramm ohne die einschlägige Ratgeberliteratur (vgl. Krüger 2015, S. 15). Der Trend findet in unterschiedlichsten kommunikativen Disziplinen Anwendung, ohne dass ein einheitliches Muster erkennbar ist. Der Begriff des „Storytellings" scheint wahllos eingesetzt, teilweise missbräuchlich angewendet zu werden, sämtliche Kommunikationsanliegen scheinen plötzlich mit der Technik des Storytellings lösbar zu sein (vgl. Sammer 2017, S. 18).

4.1 Begriffliche Annäherung und Abgrenzung: Geschichte, Erzählung, Narration

Der Terminus „Storytelling" ist weder wissenschaftlich noch präzise umrissen oder einheitlich definiert (vgl. Schach 2017b, S. 61; Mangold 2002, S. 5; Früh/Frey 2014, S. 74). Wie beschrieben, kann „Storytelling" im Allgemeinen als das „(Geschichten-)Erzählen" oder die „Erzählkunst" definiert werden (vgl. Springer 2011, S. 1390). Was aber verbirgt sich hinter diesem Begriff? Ein Blick in Enzyklopädien und Lexika scheint geeignet, um einen ersten Zugang zur Begrifflichkeit zu erlangen.

Wie die Zerlegung des Ausdrucks „Story-telling" zeigt, sind seine Bestandteile, die „Geschichte" und das „Erzählen", eng verwoben. Dies bezeugt der Versuch, die Begrifflichkeiten voneinander zu trennen: Während eine „Geschichte" im Bedeutungswörterbuch als Synonym einer „Erzählung" aufgeführt wird, wird eine „Erzählung" oder „Story" als Synonym einer „Geschichte" genannt (vgl. Wermke et al. 2010, S. 354, S. 433). Große Übereinstimmungen vielschichtigen Termini werden auch bei Betrachtung ihrer Definitionen deutlich: Im Deutschen Universalwörterbuch ist sowohl eine „Erzählung" als „anschauliche schriftliche od. mündliche Darstellung, Wiedergabe eines Geschehens" (Scholze-Stubenrecht et al. 2011, S. 547) als auch der Terminus „Geschichte" als „mündliche od. schriftliche, in einen logischen Handlungsablauf gebrachte Schilderung eines tatsächlichen od. erdachten Geschehens, Ereignisses" (ebd., S. 709) definiert.

Der bedeutungsreiche Begriff „Geschichte" kann etymologisch auf das Verb „geschehen" zurückgeführt werden und bezeichnete zunächst ein Geschehnis, ein Ereignis oder eine Begebenheit (vgl. Wermke et al. 2007, S. 270). In mittelhochdeutscher Zeit kamen dem Begriff „geschiht" weitere Bedeutungen wie „Angelegenheit, Sache, Ding, Eigenschaft, Art [und] Weise" (ebd.) und „Folge der Ereignisse" (ebd.) zu. Die Gleichsetzung mit der „Erzählung", dem „Bericht über Geschehenes" und dem lateinischen Begriff „historia" erfolgt seit dem 15. Jahrhundert (vgl. ebd.).

Gewiss werden diese äußerst vagen Definitionen der Komplexität von Geschichten nicht gerecht und verschärfen die Differenzierungsproblematik der Begrifflichkeiten mehr als ihr Abhilfe zu verschaffen. Der Terminus „Geschichte" stellt „eine literaturwissenschaftliche Kategorie" (Kocks 2017, S. IX) dar. Als Unterdisziplin der Literaturwissenschaft findet die „Erzähltheorie" international unter dem Begriff „Narratologie" Anwendung und liefert als die „Wissenschaft vom Erzählen" (Fludernik 2006, S. 17) einen hilfreichen Beitrag für die Abgrenzung einer „Geschichte", „Erzählung" und „Narration".

Ein bedeutendes Konzept dessen, was der Schlüsselbegriff der Narratologie – die Erzählung – ist, stammt vom Literaturwissenschaftler Gérard Genette. In seinem „Discours du récit" scheint er den dringenden Bedarf einer systematischen Erzähltheorie zu befriedigen und einen Ausweg aus dem Dilemma der mangelnden Trennschärfe der Begrifflichkeiten zu ebnen. Genette unterscheidet zwischen drei Bedeutungsebenen des Wortes „récit" (dt. Erzählung):

Das vermutlich evidenteste Verständnis einer Erzählung ist die „narrative Aussage" (Genette 2010, S. 11), ein „mündliche[r] oder schriftliche[r] Diskurs *[discourse]*, der von einem Ereignis oder einer Reihe von Ereignissen berichtet" (ebd.). In diesem Fall bezeichnet eine Erzählung eine „fertige narrative Mitteilung" (Krüger 2015, S. 76).

Eine weitere Bedeutung kommt der Erzählung als „Abfolge realer oder fiktiver Ereignisse, die den Gegenstand dieser Rede ausmachen" (Genette 2010, S. 11) zu. Der erzählte Inhalt, „bestehend aus Akteuren, Ereignissen, Ort und Zeit" (Krüger 2015, S. 76), kann als „Geschichte", wie Genette es ausdrückt – „*histoire*" –, bezeichnet werden. Die „Verknüpfung von Handlungen" (Genette 2010, S. 183), die „Geschichte" oder „histoire", sei dabei unbedingt vom „Universum, in dem sie spielt" (ebd.), der „Diegese" zu trennen, die wiederum keinesfalls mit der „Diegesis" verwechselt werden sollte (vgl. ebd.).

Die dritte und älteste Bedeutung einer „Erzählung" ist der „Akt der Narration" (ebd., S. 11) oder der „Sprachakt des Erzählens" (Fludernik 2006, S. 10), in dem es nicht darum geht, was erzählt wird, sondern dass jemand etwas erzählt. In diesem Zusammenhang verwendet Genette den Begriff „*narration*".

Die Dreiteilung Genettes entspricht der Luhmann'schen Differenzierung zwischen Information (Geschichte/histoire), Mitteilung (Erzählung/discourse) und Kommunikation (Narration) und ermöglicht der Tatsache, dass dieselbe Geschichte verschiedenartig erzählt werden kann, Rechnung zu tragen (vgl. Krüger 2015, S. 76; Fludernik 2006, S. 11).

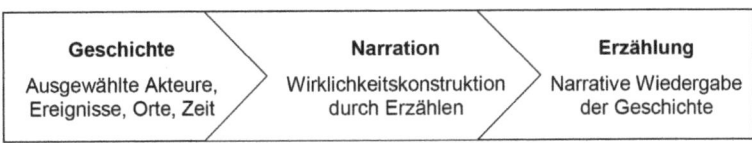

Abbildung 2: Geschichte, Narration und Erzählung
Quelle: eigene Darstellung in Anlehnung an Krüger 2015, S. 77

Angelehnt an diese Erkenntnisse kann Storytelling als „Konstruktionsfor[m] auf der narrativen Ebene öffentlicher Kommunikation" (Szyszka 2008, S. 620) oder narrativer Kommunikationsmodus verstanden werden, der unterschiedliche Informationsarten wie Fakten, Zusammenhänge, Hintergründe und Bewertungen einbezieht. Auch wenn die „Wissensvermittlung und Informationsweitergabe [...] eine Grundintention von Geschichten" (Ettl-Huber 2014, S. 17) darstellt, weisen Frenzel, Müller und Sottong auf die Notwendigkeit des Verzichts theoretischer Erklärungen hin, dies sei, als wolle man einen Witz erklären (vgl. Frenzel 2006 et al., S. 70; Littek 2011, S. 6).

4.2 Definition: (strategisches) Storytelling

Der Ausflug in die Narratologie schafft zwar eine theoretische Grundlage, beschränkt sich jedoch auf die Erzählkunst und liefert keinen Beitrag zu den Einsatzmöglichkeiten des Storytellings in der Unternehmenskommunikation.[6] Nachdem die Definition des Storytellings bisher im Wesentlichen durch implizite Beschreibungen und seine Abgrenzung zu verwandten sprachlichen Konzepten erfolgt ist, sollen einige präzisere Definitionen den Begriff schärfen.

In seiner umfassenden Definition greift das „National Storytelling Network" für diese Abhandlung relevante Bestandteile und Wirkmechanismen von Geschichten auf:

> „Storytelling is the interactive art of using words and actions to reveal the elements and images of a story while encouraging the listener's imagination [...]. The storytelling listener's role is to actively create the vivid, multi-sensory images, actions, characters, and events – the reality – of the story in his or her mind, based on the performance by the teller and on the listener's own past experiences, beliefs, and understandings. [...] The listener becomes, therefore, a co-creator of the story as experienced" (National Storytelling Network o. J., Hervorhebung i. O.).

---

[6] Die Anwendungsfelder des Storytellings im organisationalen Kontext sind vielfältig, weshalb es umso mehr verwundert, oder was gerade dazu führt, dass eine Vielzahl an Praxisratgebern über Storytelling in der PR (Littek 2011), in der Markenführung (Mangold 2002) oder beispielsweise der Führungskommunikation (Denning 2011) und ein Mangel an wissenschaftlicher Literatur bestehen (vgl. Ettl-Huber 2014, S. 19).

Das hier beschriebene direkte persönliche Erzählen ist ein Vorgang, der in der Unternehmenskommunikation selten gegeben ist, da Geschichten überwiegend durch Pressetexte, Kundenmagazine oder Blogs in Schrift, Bild oder Bewegtbild vermittelt werden (vgl. Ettl-Huber 2014, S. 17).

Im organisationalen Kontext bedeutet Storytelling sehr allgemein der geplante, zielgerichtete und langfristige Einsatz von Geschichten für das Erreichen der Unternehmens- und Kommunikationsziele (ebd., S. 18). Ettl-Huber betont den Stellenwert des *bewussten* Geschichtenerzählens für die Identifikation des Storytellings, da von Unternehmen auch Geschichten ausgehen, die nicht strategisch inszeniert sind und somit den Zustand des Storytellings nicht zwangsläufig erfüllen (vgl. ebd.). Hillmann thematisiert neben der strategischen Vorgehensweise zusätzlich die Wirkung von Geschichten:

> „Storytelling ist eine Methode, die systematisch geplant und langfristig angelegt Fakten über ein Unternehmen in Form von authentischen, emotionalen Geschichten vermittelt, die bei den wichtigen internen und externen Bezugsgruppen nachhaltig in positiver Erinnerung bleiben" (Hillmann 2011, S. 63 f.).

Aus dieser Perspektive ist Storytelling als Technik zu verstehen und wird über diese technische Sichtweise hinaus zum Instrument, welches in verschiedenen Bereichen der Organisationskommunikation angewendet werden kann. Mit der breiten Einsatzmöglichkeit des Storytellings ist der Schritt von der Technik über das Instrument zur Strategie getan (vgl. Ettl-Huber 2014, S. 19):

> „Eine Storytelling-Strategie umfasst die gesamte Organisation und reicht bis in die Grundfesten der Organisationsphilosophie und -kultur" (ebd.).

Der Schritt zur Strategie vollzieht sich meist anhand der Festlegung auf Kerngeschichten. Sobald diese kommuniziert werden, wirken sie sich auf das Handeln der Organisation und ihrer Mitglieder aus (vgl. ebd.).

Krüger weist auf einen weiteren Aspekt des Storytellings im organisationalen Kontext hin und schildert, dass auch Geschichten *über* Unternehmen erzählt werden:

> „Von Corporate Story bzw. Corporate Storytelling ist immer dann die Rede, wenn es ich bei der fraglichen Story um eine Story eines Unternehmens oder über ein Unternehmen und dessen Akteure handelt" (Krüger 2015, S. 76).

Das Corporate Storytelling aus Unternehmen konnte inzwischen einen relativ hohen Professionalisierungsgrad erreichen, hinsichtlich seines strategisch übergreifenden und flächendeckenden Einsatzes sind erste Ansätze zu erkennen (vgl.

Schach 2017b, S. 63). Bedeutsam für diese Abhandlung ist neben dem Corporate Storytelling auch der Begriff des „Public Storytellings", die „wesentliche Form der Entstehung von gesellschaftlichem Sinn in öffentlichen Diskursen durch die Gestaltung und Deutung von Kommunikationsangeboten als Storys" (Perrin 2013, S. 284).

Unabhängig von ihrem definitorischen Kern stellen die Authentizität und Glaubwürdigkeit die Grundvoraussetzungen für das Gelingen jeder „realen" oder fiktiven Geschichte dar (vgl. Denning 2011, S. 28 f.; Frenzel et al. 2006, S. 67). In der Unterscheidung zwischen „'Geschichten aus dem Feld', [...] authentischen Geschichten also, die an Beobachtungen, Erlebnisse und Erfahrungen der Zuhörer anschließen" (Frenzel et al. 2006, S. 34) und fiktiven Geschichten, wie Sagen, Fabeln, Märchen oder literarischen Erzählungen, positionieren sich Frenzel, Müller und Sottong mit der Auffassung, dass „reale" Geschichten im Fokus der Unternehmenskommunikation stehen, da fiktive Geschichten durch vielsagende Bedeutungen nicht vorhersehbare Assoziationen auslösen können (vgl. ebd., S. 35). Mittels authentischer Storys wird ein unmittelbarer Zugang zum „realen" Organisationsumfeld gelegt, sodass Rezipienten die Geschichte mit eigenen Erfahrungen abgleichen und ihren Wahrheitsgehalt, falls nötig, unter Einbezug von Zeugen, prüfen können. Das Anknüpfen von Geschichten an Rahmenbedingungen, unter denen der Empfänger lebt oder arbeitet, steigert seine Anteilnahme und somit die Anschlussfähigkeit der Geschichte. Ein weiteres Argument für das Erzählen reeller Geschichten ist der sich auftuende Verdacht des Publikums, der Erzähler flüchte aufgrund mangelnder Erfahrung in die Fiktion oder scheue die Konfrontation mit der gegenwärtigen Situation oder konkreten Problemen (vgl. ebd., S. 37). Mit „wahren" Geschichten bietet der Erzähler „eine Verständigung über die Realität an, über eine Realität, die alle Anwesenden teilen" (ebd.).

Ettl-Huber sieht ein „trauriges Unterfangen" (Ettl-Huber 2014, S. 12) darin, Geschichten mit einem Skalpell zu sezieren und ihnen ihr „Geheimnis entreißen" (ebd.) zu wollen. Um Handlungsempfehlungen aussprechen zu können, ist es dennoch notwendig, zunächst die zielführenden Bestandteile von Geschichten zu identifizieren. Storys weisen ein äußerst hohes Maß an kultur-, orts- und zeitübergreifenden strukturellen Ähnlichkeiten auf, sodass Mangold von einer „universale[n] Grammatik für den Aufbau von Geschichten" (Mangold 2002, S. 20) spricht.

4.3 Wesentliche Bestandteile einer gelungenen Geschichte

Fog, Budtz und Yakaboylu schildern, dass narrative Kommunikationsformate vier wesentliche Elemente aufweisen: eine Botschaft, einen Konflikt, Charaktere und einen Plot. Die Autoren vergleichen die Beziehung der Bestandteile mit den vier Elementen der Natur: Sie sind aufeinander abgestimmt und ergänzen sich gegenseitig (vgl. Fog et al. 2005, S. 30 f.). Nach Wentzel, Tomczak und Herrmann besteht eine Geschichte aus einem Motiv, Akteur, Konflikt, der Handlung des Akteurs, um den Konflikt zu lösen und einer Moral (vgl. Wentzel et al. 2012, S. 435 ff.). Frenzel, Müller und Sottong sprechen von den Grundelementen des Protagonisten, einer Ausgangs- und Endsituation sowie einer zwischengeschalteten Transformation (vgl. Frenzel et al. 2006, S. 76 f.).[7] Wenngleich die aufgeführten Elemente auf den ersten Blick unterschiedlich zu sein scheinen, lassen sich Bestandteile wie a) Charaktere, Akteure, Protagonisten und Helden, b) die Handlung, der Plot, die Transformation sowie c) die Botschaft und die Moral zusammenfassen. Demzufolge werden Geschichten in dieser Abhandlung durch vier Elemente charakterisiert.

4.3.1 Die Charaktere

Im Fokus einer jeden Geschichte stehen Personen, die die Geschehnisse aktiv herbeiführen oder passiv erleben (vgl. Krüger 2015, S. 83). Sicherlich gibt es Geschichten, die nur von einer Figur handeln, normalerweise jedoch ist der Protagonist von anderen Personen umgeben (vgl. Frenzel et al. 2006, S. 93 f.). Die auftretenden Charaktere vertreten unterschiedliche Rollen und können anhand der damit verbundenen Handlungen gedeutet werden: Der „typische" Held richtet sein Verhalten nach dem Erreichen seines Ziels aus, wird dabei von Helfern unterstützt und von Gegenspielern gehindert (vgl. Krüger 2015, S. 85 f.).

Die Charaktere einer Geschichte sind auf einen aus Sagen oder Mythen bekannten Archetypus bezogen, der unbewusste Assoziationen aufseiten der Rezipienten auslöst (vgl. Mark/Pearson 2001, S. 18 f.; Kocks 2017, S. XI). Der Bezug auf allgemein bekannte, prägnante Rollen verleiht den Figuren einen wiedererkennbaren Charakter, erleichtert ihre Kategorisierung und macht ihre Handlungen erwartbar (vgl. Krüger 2015, S. 83 ff.).

---

[7] Wie Hillmanns Definition zeigt, präzisieren einige Autoren Geschichten nicht auf Grundlage ihrer Bestandteile, sondern anhand ihres ausgelösten Effektes, wie Spannung, Neugierde, Mitgefühl oder Schock. Auf die Wirkung von Geschichten wird an späterer Stelle einzugehen sein.

Margaret Mark und Carol S. Pearson führen interkontinentale Definitionen von „Archetypen" auf: Adolf Bastian bezeichnete sie als „Elementary Ideas" (Mark/Pearson 2001, S. 19), in Sanskrit wurden sie als „subjectively known forms" (ebd.) und in Australien als „Eternal Ones of the Dream" (ebd.) beschrieben.

Die Identifikation der Rezipienten mit dem Archetypus ist für die kommunikative Anschlussfähigkeit und das Gelingen der Geschichte unabdingbar: In einer Liebesgeschichte leiden die Leser, Zuhörer oder Betrachter mit dem Helden mit und fiebern auf ein Happy End hin, in einem Thriller stellen sie Vermutungen über die Identität des Mörders an und rätseln über sein Motiv (vgl. Frenzel et al. 2006, S. 88). Für die Identifikation der Rezipienten sollte der Protagonist ihnen in seinen Sehnsüchten, Wünschen oder Zielen ähneln und sich in einer Situation befinden, die derjenigen der Empfänger ähnlich oder zumindest interessant für sie ist (vgl. ebd.). Luhmann konstatiert, dass Personen den „Bedürfnissen des Beobachtens Rechnung [tragen], indem ihnen Konsistenz der Meinungen und Einstellungen, Zielstrebigkeit des Verhaltens, Eigeninteresse mit Aussicht auf Berechenbarkeit usw. unterstellt wird" (Luhmann 2011, S. 90).

Die Hauptfigur einer Geschichte muss kein „Superheld" sein, sondern kann einen gewöhnlichen Protagonisten, der seine persönliche Geschichte erzählt, abbilden (vgl. Sammer 2017, S. 26). Während Sammer darauf hinweist, dass es für die Identifikation mit dem Archetypus wichtig ist, dass der Protagonist eine „konkret identifizierbare Persönlichkeit" (ebd.), wie beispielsweise ein Mensch, ein Tier oder ein Gegenstand und kein abstraktes Objekt, wie ein Unternehmen oder eine Marke, ist, schildern sowohl Littek als auch Frenzel, Müller und Sottong, dass die Hauptfigur „als Zusammenschluss vieler Menschen" (Littek 2011, S. 117) eine Organisation oder Unternehmen, ein Kollektiv oder ein abstraktes Ziel sein kann (vgl. Frenzel et al. 2006, S. 90, S. 95).

Die Identität der Charaktere lässt sich explizit aus Beschreibungen und implizit aus Handlungen, Eigenschaften und dem Verhältnis zu anderen Akteuren ableiten (vgl. Krüger 2015, S. 84 f.). Einige Autoren konstatieren, dass der Protagonist auf der Strecke zwischen Ausgangs- und Endsituation stets eine Wesensveränderung erfährt, andere hingegen meinen, dass ein Wandel des Helden nicht immer gegeben ist (vgl. Sammer 2017, S. 26; Littek 2011, S. 111).

4.3.2 Die Handlung

Der Handlungsablauf bzw. Plot liefert Antworten auf die Frage, worum es in einer Geschichte geht. Geschichten erzählen von Menschen und ihren Handlungen, um ein Ziel zu erreichen. Sie machen vor, was andere nachmachen können (vgl. Herbst 2014, S. 102). Geschichten sind strukturierte Erzählungen; ihre sowohl zeitlich als auch inhaltlich geordneten Ereignisse sind wechselseitig aufeinander bezogen und chronologisch in einen Ursache-Wirkungs-Zusammenhang gestellt (vgl. ebd., S. 104). Zwei klassische Plot-Muster sind das Drei-Akt-Modell und die sogenannte Heldenreise (vgl. Littek 2011, S. 132). Die Modelle ergänzen sich gegenseitig und werden oft parallel verwendet.

Das *Drei-Akt-Modell* wurde von Syd Field entwickelt, der das Konzept ursprünglich für das Verfassen von Drehbüchern ausarbeitete. Heute fungiert das Modell ebenfalls als wichtiges Hilfsmittel für das Storytelling. Dem Drei-Akt-Modell zufolge hat eine Geschichte einen Anfang, eine Mitte und ein Ende und besteht somit aus drei Akten (vgl. ebd., S. 133). Im ersten Teil der Geschichte wird die Ausgangssituation dargestellt, der Konflikt eingeführt und schließlich der Wendepunkt, den Field als „Plot Point" bezeichnet, präsentiert (vgl. Huck-Sandhu 2014, S. 663; Littek 2011, S. 133). Im zweiten Akt, der etwa doppelt so lang ist, folgt der Höhepunkt des Konfliktes. Im letzten Abschnitt der Geschichte wird die Kernbotschaft vermittelt und die Endsituation dargestellt (vgl. Littek 2011, S. 133).

Kritik an diesem äußerst populären Modell sprechen mehrere Autoren aus, indem sie feststellen, dass das Konzept zu einer künstlichen Verengung und Eintönigkeit von Geschichten beiträgt. Dies wird beispielsweise daran sichtbar, dass fast jeder Film seinen Plot Point um die fünfundzwanzigste Minute hat (vgl. ebd., S. 134).

Das Modell der *Heldenreise* wurde erstmals von Joseph Campbell in seinem Werk „Der Heros in tausend Gestalten" aufgeführt und von Christopher Vogler weiterentwickelt und bekannt gemacht (vgl. ebd., S. 137). Kaum ein erfolgreicher Film basiert nicht auf den Erkenntnissen Campbells und Voglers, auch auf andere Geschichtsformen lässt sich das Modell übertragen. Als einer der bedeutendsten Mythenforscher entdeckte Campbell ein weltweites Grundmuster von Mythologien, den sogenannten Monomythos. Campbells Vorstellung zufolge ist der Monomythos fest in der menschlichen Psyche verankert, weshalb Kommunikatoren das Modell für die Ansprache ihrer Rezipienten intuitiv anwenden können (vgl. ebd.). Wie es der Modellname „Heldenreise" offensichtlich verrät, stellt das wesentliche Moment des Monomythos die Reise eines Helden dar: Obgleich der Held anfänglich Zweifel verspüren oder sich sogar weigern mag, folgt er dem Ruf des Abenteuers und überschreitet die Schwelle in das Abenteuerland. Während er immer tiefer in das neue Land vordringt, gewinnt er Verbündete und muss zahlreiche Bewährungsproben bestehen. Am Ende seiner Reise erlangt der Held in einer finalen Prüfung schließlich ein wertvolles Elixier, welches er in der Alltagswelt nutzbringend anwenden kann. Dies können beispielsweise Erfahrungen, Wissen oder eine Erkenntnis sein (vgl. ebd., S. 147).

4.3.3 Der Konflikt

Der Konflikt ist das Kernelement einer Story. Er verleiht der Geschichte Spannung und aktiviert die Handlung in besonderem Maße (vgl. Herbst 2014, S. 104 ff.; Littek 2011, S. 119). Zwischen Ausgangs- und Endsituation kann ein Konflikt plötzlich auftreten oder sich schleichend anbahnen, er kann alleiniger Konflikt oder von sich parallel entwickelnden Spannungsmomenten umgeben sein. Gesing zeichnet das Bild des „inneren Motor[s] aller dramatische[r] Geschichten" (Gesing 2005, S. 96), der Ereignissen Bedeutung verleiht, Konsequenzen aufzeigt und Rezipienten bewegt. Littek definiert einen „Konflikt" als „eine Auseinandersetzung zwischen Menschen, aber auch zwischen Menschen und Normen, dem Mensch und der Gesellschaft, der Natur, der Technik oder gar dem Schicksal" (Littek 2011, S. 119). In diesem Fall stellt der Konflikt eine Kollision gegensätzlicher Kräfte dar. Er kann jedoch ebenso ein „innerer Widerstreit" (Gesing 2005, S. 96) einer Person sein, der sich in ihrem Erleben und Verhalten ausdrückt und mit weiteren Konflikten, wie der Unzufriedenheit mit der eigenen Rolle, der derzeitigen Situation oder der „Unvereinbarkeit von Interessen" (Herbst 2014, S. 105), verbunden ist. Der Konflikt einer Geschichte lässt den Protagonisten gegen Langeweile, Wut, Angst, Unterlegenheit oder einen Mangel, beispielsweise an Gesundheit oder Leistungsfähigkeit, kämpfen (vgl. ebd., S. 103). Die innere oder äußere Krise als Höhepunkt des Konfliktes drängt auf eine Lösung, lässt den Protagonisten Energien freisetzen und ihn die entscheidenden Maßnahmen zur Bewältigung der Situation ergreifen (vgl. ebd., S. 105). Der Konflikt ist Abbild einer gestörten Ordnung und führt als Treibstoff der Geschichte schließlich zum Wendepunkt „im Leben eines Individuums, einer Familie oder einer Gesellschaft" (Gesing 2005, S. 96; vgl. Littek 2011, S. 119).

Damit der Konflikt einer (Corporate) Story Wirkung entfaltet, sollte er folgende Voraussetzungen erfüllen: Die Anspruchsgruppen müssen ihn verstehen und nachvollziehen, um aktiv daran teilhaben zu können. Darüber hinaus sollte der Widerstreit eine Bedeutung für die Rezipienten haben und seine Lösung, das „Happy

End", Sorgen mildern oder Wohlbefinden auslösen. Schließlich sollte der Protagonist selbst zur Lösung des Konfliktes beitragen und dabei von Stakeholdern unterstützt werden können, „damit die Geschichte auch für sie handlungsauslösend ist" (Herbst 2014, S. 106).

4.3.4 Die Botschaft

Mit dem Erzählen einer Geschichte drücken Kommunikatoren stets etwas aus (vgl. Frenzel et al. 2006, S. 64). Idealtypische Geschichten beinhalten in der Regel eine singuläre Hauptbotschaft, die von Nebenbotschaften begleitet wird. Dem Verständnis der Geschichte verhelfen klare, präzise und widerspruchsfreie Corporate Messages, konterkarierende Nebenbedeutungen können die Hauptbotschaft abschwächen und deren Wirkung reduzieren (vgl. ebd., S. 68 f.).

Die „große Botschaft" (Herbst 2014, S. 112) einer Corporate Story bezeichnet Herbst als *„Core-Story"*. Sie ist ein „Unternehmensmythos, eine Unternehmensgeschichte oder ein Grundthema" (Huck-Sandhu 2014, S. 664), die den Kern der Unternehmenspersönlichkeit bzw. die Essenz des Unternehmens ausdrückt und somit langfristig angelegt ist. Die Core-Story sagt aus, welche Arbeit ein Unternehmen erbringt und welchen Mehrwert es für die Anspruchsgruppen hat (vgl. Frenzel et al. 2006, S. 61).

Fog, Budtz und Yakaboylu schildern die Relevanz der Bezugnahme sämtlicher Unternehmensgeschichten auf die Core-Story:

> „The core story is the 'trunk' of the company's brand. All the stories being told in and around the company should stem from this one core story – just as nourishing leaves grow from the branches of the tree" (Fog et al. 2005, S. 55).

Herbst fasst drei Bestandteile einer Core-Story zusammen:

Ein *Belohnungsversprechen* als „einzigartige[s] belohnendes Gefühl, das die internen und externen Bezugsgruppen erleben, wenn sie das Anliegen des Unternehmens unterstützen" (Herbst 2014, S. 82) und vermittelt, welche Erwartungen Stakeholder an das Unternehmen stellen können, wie sie sich bei Inanspruchnahme der Leistungen fühlen und wie sie dabei auf andere wirken werden.

Erfolgsfaktoren, die „begründen, warum das Unternehmen sein Belohnungsversprechen einzigartig erfüllen kann" (ebd.), wie beispielsweise Mitarbeiter oder das Fachwissen eines Unternehmens.

Eine *Haltung*, aus der das Unternehmen mit seinen Anspruchsgruppen kommuniziert, beispielsweise aus Gestalt des belesenen Experten oder fürsorglichen Freundes (vgl. Herbst 2014, S. 82-85; Schach 2017b, S. 64).

Eine Core-Story wird in mehreren Schritten entwickelt. Herbst schildert, dass die „große Botschaft" (Herbst 2014, S. 112) einer Geschichte zunächst in kleinere Einheiten zerlegt wird, was auch „Storyline-Prinzip" genannt wird (vgl. ebd.). Kleine Informationsteile sollen dauerhaftes Lernen und nachhaltiges Erinnern der Botschaft ermöglichen und die Zeit für die Rezipienten kürzer erscheinen lassen. Nach Zerlegung der Unternehmensgeschichte in Einzelereignisse werden die Einheiten durch eine systematisch aufeinander bezogene Abfolge von Kommunikationsaktivitäten zusammengestellt. Diese sollten nie vollständig abreißen, da die Botschaft des Unternehmens sonst in Vergessenheit gerät (vgl. ebd., S. 112 f.). Wie die Definition von Fog et al. zeigt, sollten alle weiteren Geschichten der Unternehmenskommunikation konsistent auf die Core-Story ausgerichtet sein.

Frenzel et al. präzisieren die Vorgehensweise des Findungsprozesses der Core-Story und verdeutlichen mit ihren Empfehlungen erneut die Bedeutung der Stakeholderberücksichtigung. In ihrem Praxiswerk raten die Autoren Kommunikationsverantwortlichen zunächst die Auseinandersetzung mit der Frage, welche Aspekte ihres Unternehmens für Stakeholder hinreichend interessant sein könnten, damit diese ihr erlerntes Wissen an andere weitergeben. In diesem Zusammenhang geben Frenzel et al. folgenden Hinweis: „Erzählen Sie so, dass man spürt, wie wichtig Ihnen ihr Beruf ist" (Frenzel et al. 2006, S. 62). Zudem, so erläutern sie, sind Erzählungen über organisationseigene Schwierigkeiten und Probleme für Rezipienten häufig sehr viel spannender als reine Erfolgsstorys. Die Vermittlung wahrhaftiger Herausforderungen stärke die Authentizität der Geschichte und fördere das aktive Mitdenken des Publikums zur Lösung des Problems. Darüber hinaus sollten Unternehmen ihre Anspruchsgruppen in die Core-Story einbeziehen, da Geschichten erst durch Interak-tionen und Beziehungen zu solchen werden (vgl. ebd.).

Wie angemerkt, zeichnen sich Storys einigen Autoren zufolge insbesondere durch die von ihnen ausgelösten Effekte aus. Um den Begriff der Geschichte zu präzisieren und einen möglichst genauen Eindruck davon zu gewinnen, wann ein Text, Bild oder Bewegtbild als Story zu verstehen ist, werden im Folgenden zusätzlich einige Wirkungsweisen von Geschichten aufgezeigt.

4.4 Wirkungsmechanismen von Geschichten

„Die Wurzeln der Geschichten gehen tiefer als unser Gedächtnis" (Kocks 2017, S. IX). Historisch betrachtet ermöglichte das Erzählen von Geschichten das Überleben in einer feindlichen Umwelt, sodass Geschichten im menschlichen Gehirn automatisch als wichtig kategorisiert werden und Personen noch immer gebannt zuhören, wenn ihnen eine spannende Story erzählt wird (vgl. Etzold 2017, S. 5). Krimiautor Veit Etzold begründet den Erfolg des Storytellings wie folgt: „Wir Menschen sind geborene Storyteller" (ebd.). Aber warum ist das so? Dieser Frage geht unter anderem Dieter Georg Herbst nach und zeigt in seinem Werk sieben grundlegende Wirkungsmechanismen von Geschichten auf.

4.4.1 Geschichten wirken unbewusst

Bei intensivem Denken benötigt das menschliche Gehirn rund 20 % der gesamten Körperenergie, bei unbewusster Informationsaufnahme nur etwa 5 %. Deshalb werden ungefähr 95 % aller Informationen unterbewusst verarbeitet. Für das Unbewusste ist es ein Leichtes, rasch bewertete Erfahrungen abzurufen, Reaktionen herbeizuführen und diese in Handlungen umzusetzen (vgl. Herbst 2014, S. 26). Auch die kognitive Verarbeitung einer Geschichte ist ein überwiegend unbewusster Prozess. Bei dem Erzählen einer Story kann ihre Zuhörerschaft beispielsweise „automatisch" Rollen von Figuren abrufen und kategorisieren. Wie geschildert, dienen ebenfalls auf Archetypen bezogene Unternehmen der Identifikation der Stakeholder. Kommunikationsverantwortliche sollten unterbewussten Informationsverarbeitungsprozessen daher ein Höchstmaß an Aufmerksamkeit zukommen lassen und sich mit der Frage auseinandersetzen, welche Assoziationen ihr Unternehmen bei den Anspruchsgruppen weckt und wie sie mittels Storytelling an vorherrschende Wahrnehmungsmuster anschließen können (vgl. ebd., S. 29).

4.4.2 Geschichten belohnen

Menschliches Handeln basiert auf zwei Systemen: dem Angst- und dem Belohnungssystem (vgl. ebd., S. 38). Während das Gefahrensystem unbewusst vor Dingen, die gemieden werden sollten, warnt, führt das Belohnungssystem durch die Ausschüttung von Dopamin zu Verhaltensweisen, die das Wohlergehen steigern. Auch Geschichten können Gefühle auslösen und Handlungen der Stakeholder im Organisationssinn erwirken. Verbinden Anspruchsgruppen mit einem Unternehmen das Gefühl der Angst, werden sie es zukünftig potenziell meiden, kommt das Belohnungssystem zum Tragen, empfinden sie Glücksgefühle und verspüren beispielsweise Vorfreude bei Betrachtung der Organisation. Unternehmen sollten daher an das Belohnungssystem ihrer Stakeholder anknüpfen und ein „möglichst einzigartiges Belohnungsversprechen" (ebd., S. 39) abgeben.

4.4.3 Geschichten sind bedeutend

Konstruktivistischen Annahmen zufolge ist das menschliche Gehirn als kognitives System semantisch geschlossen. Dies bedeutet, dass es Bedeutungen von Informationen nicht übernehmen kann und diese auf Grundlage subjektiver „Wahrnehmungen, Empfindungen, Vorstellungen [und] Erinnerungen" (Lenke et al. 1995, S. 104) selbst erschafft. Kommunikation ist somit keine Bedeutungs*übertragung*, sondern Informations*erzeugung*. Rezipienten einer Corporate Story sind demnach nicht in der Lage, die vom Kommunikator intendierte Bedeutung zu rekonstruieren, sie bilden sie selbst auf Basis viabler Wirklichkeitskonstruktionen (vgl. von Glasersfeld 1997; Lenke et al. 1995, S. 104; Potthoff 2012, S. 129). Darüber hinaus bewerten Personen (Unternehmens-)Informationen auf Grundlage deren Bedeutung, die diese für ihr Wohlbefinden haben (vgl. Herbst 2014, S. 46):

> „Dabei gilt für alle Lebewesen, dass nur solche Informationen aufgenommen werden, die für den Organismus bedeutsam sind. Die Sinnessysteme, die Informationen aufnehmen, sind also bereits Filter im Hinblick auf bedeutsame Informationen. [...] Es wird nur das zur Kenntnis genommen, was wichtig ist oder was wichtig sein könnte" (Pöppel 2008, S. 46).

Diese Annahmen sollte auch das Kommunikationsmanagement berücksichtigen und der Frage nachgehen, welche Erfahrungen die Empfänger der Corporate Story mit dem Unternehmen oder einem Thema gemacht haben und auf welcher Grundlage von Vorwissen und Einstellungen sie die Bedeutung der Geschichte erschaffen. Ebenfalls gilt es, zu bedenken, dass eine Botschaft in unterschiedlichen Kontexten verschiedene Aussageebenen beinhaltet und vor dem Hintergrund unterschiedlicher Interpretationen verschiedene (Be-)Deutungen vermitteln kann (vgl. Frenzel et al. 2006, S. 65 f.). Darüber hinaus werden Informationen von verschiedenen Personengruppen unterschiedlich bewertet, weshalb Storytelling stets stakeholderorientiert erfolgen sollte (vgl. Herbst 2014, S. 48).

Der Psychologe Norbert Bischof führt im „Züricher Modell der sozialen Motivation" drei Motive auf, anhand derer Menschen weltweit ihr Handeln ausrichten: Sicherheit, Erregung und Autonomie (vgl. Bischof o. J.).

Ausgerichtet auf dieses Motivsystem steuert das limbische System sämtliche Verhaltensweisen, sodass Stakeholder beispielsweise Angst, Langeweile und Unterlegenheit meiden und Sicherheit, Spannung und Erfolg suchen (vgl. Herbst 2014, S. 47). Kommunikationsverantwortliche dürften mit Geschichten diese Grundbedürfnisse ansprechen wollen.

4.4.4 Geschichten führen zu Beteiligung

Der Einbezug der Anspruchsgruppen ist ein wesentlicher Erfolgsfaktor des Corporate Storytellings. Stakeholder müssen verstehen, worum es in der Geschichte geht, sie miterleben, Handlungen nachvollziehen und Vermutungen über den Verlauf der Ereignisse anstellen können (vgl. ebd., S. 52). All dies ermöglichen spezifische Nervenzellen, die sogenannten Spiegelneuronen. Sie spiegeln die Gefühle eines Akteurs im Zuschauer des Geschehens wider und lösen Mitgefühl, Empathie und Verständnis aus. Für die kommunikative Stakeholderinteraktion bietet das Storytelling somit eine herausragende Möglichkeit, die Emotionen und Motive der anderen Partei nachempfinden und Handlungen prognostizieren zu können (vgl. ebd., S. 56). In diesem Kontext wird erneut der Stellenwert des Unbewussten deutlich, da nicht allein das gesprochene Wort zum Kommunikationserfolg führt, sondern insbesondere unbewusste Prozesse, die Empathie, „Gemeinsamkeit und Übereinstimmung erzeugen" (ebd., S. 57). Für die emotionale Anteilnahme der Stakeholder sollten Kommunikationsmanager erfassen, welche einzigartigen Gefühle Anspruchsgruppen mit dem Unternehmen verbinden und wie das Publikum diese Emotionen am Beispiel von Menschen wahrnehmen kann (vgl. ebd.).

4.4.5 Geschichten bestehen aus Mustern

Das Speichern und Abrufen „typischer" Muster gehört zu den wichtigsten Funktionen des Gehirns. Der Vergleich neuer Informationen mit bestehenden Wissensbeständen ermöglicht eine rasche und ressourcensparende Bewertung von beispielsweise Menschen oder Unternehmen (vgl. ebd.). Muster sind eng mit assoziierten Emotionen verknüpft und prüfen Situationen auf Gefahr und Wohlbefinden. Dies zeigt sich etwa daran, dass bestimmte Bezeichnungen von Unternehmen, wie die „Klapse", Gefühle in Menschen auslösen und dazu führen, dass die klinische Psychia- trie tendenziell gemieden wird.

Auch Geschichten bestehen aus Mustern, zum Beispiel in Form von prägnanten Rollen und (symbolischen) Handlungen (vgl. ebd., S. 60). Wie angedeutet, aktivieren bedeutungslos erscheinende Informationen oder solche, die mit schon bestehenden Mustern vollständig übereinstimmen, das limbische System kaum, sodass Herbst Praktikern rät: „[S]chaffen Sie Neues und erinnern [Sie] dabei an Altes" (ebd., S. 61).

4.4.6 Geschichten sind stark bildhaft

Einer der herausragenden Wirkungsmechanismen des Storytellings ist die Möglichkeit, Geschichten in Bildern darzustellen (vgl. ebd.). Die Bedeutung von Bildhaftem zeigt sich daran, dass mehr als 80 % aller Informationen aus der Umwelt über das Auge aufgenommen werden, 60 % der gesamten Hirntätigkeit sind der Wahrnehmung, Verarbeitung und Speicherung visueller Reize gewidmet (vgl. Gegenfurtner et al. 2002, S. 69). Mit Geschichten können Unternehmen ihr Belohnungsversprechen äußerst wirkungsvoll illustrieren und ein Höchstmaß an Emotionen bei den Anspruchsgruppen entfachen:

> „Bilder sind die Ursprache. Vielleicht erfahren wir die Welt zuallererst durch Bilder. Und Bilder bringen die alten Erinnerungen und Gefühle zurück" (Remen 1994, S. 327).

Geschichten lassen in den Köpfen der Stakeholder spontan Bilder entstehen, die tief in ihrem Gedächtnis verankert bleiben und bei Begegnung mit dem Unternehmen herangezogen werden. Klare innere Bilder können stark auf Meinungen, Einstellungen und Überzeugungen wirken und somit äußerst verhaltenswirksam sein (vgl. Herbst 2014, S. 65).

4.4.7 Geschichten lösen Emotionen aus

Emotionen sind für die Bewertung von Informationen und somit Verhaltensweisen elementar. Das limbische System, in dem Motive, Wünsche und Emotionen angesiedelt sind, bewertet Informationen auf Grundlage ihrer Bedeutung für unser Wohlergehen und entfaltet seine Wirkung in Form von Angst- oder Glücksgefühlen, die unser Handeln lenken. Entgegen der weit verbreiteten Annahme, dass „Herz" und „Kopf" zwei kon-träre Entscheidungssysteme darstellen, bestätigen etliche Forschungsergebnisse, dass Emotionen die „Voraussetzung für rationale Entscheidungen sind" (ebd., S. 32). Damit stellen Emotionen eine grundlegende Überlebenshilfe dar. In Bezug auf Geschichten führen diese Annahmen zu der Erkenntnis, dass sie nur dann in Erinnerung bleiben, wenn sie Gefühle auslösen und eine „tiefe Gedächtnisspur" (ebd., S. 33) hinterlassen. Damit Fakten und Erlebnisse erinnerbar sind, müssen sie im limbischen System verarbeitet werden. „[D]er Sitz unserer emotionalen Intelligenz" (ebd., S. 32) verantwortet die Herausbildung von

Gedächtnis und speichert sowohl besonders positive als auch stark negative Erfahrungen. Unternehmen sollten Geschichten folglich auf Grundlage ihrer emotionalen Bedeutungen für ihre Anspruchsgruppen konzipieren und ein „eigenständiges, langfristiges Erlebnisprofil aus einzigartigen positiven Gefühlen" (ebd., S. 35) aufbauen.

Zusammenfassend lässt sich festhalten, dass Geschichten so intensiv wirken, weil sie an die Grundprinzipien des menschlichen Gehirns anknüpfen (vgl. ebd., S. 69). Da Emotionen das überragende Moment für die Handlungssteuerung der Stakeholder durch Geschichten zu sein scheinen, wird dieser Aspekt im Folgenden stärker auf die Unternehmenskommunikation bezogen.

4.5 Storytelling als Persuasionstechnik der Unternehmenskommunikation

Die Anspruchsgruppen der Unternehmen sind heute „hypervernetzt, multimedial [...], ‚always on'" (Sammer 2017, S. 15) und daher einer immensen Informationsflut ausgesetzt. Die verfügbare Informationsmenge scheint jedoch nicht mit einer Wissenszunahme, steigendem Interesse, Weltoffenheit und Toleranz zu korrelieren, nein, das Gegenteil scheint der Fall zu sein (vgl. ebd.). Das sich wandelnde Rezeptionsverhalten kollektiver Akteure gestaltet sich für die Durchsetzung von Informationen und Positionen korporativer Akteure als diffizile Angelegenheit. Da Stakeholder von der gesellschaftlichen Relevanz der Institution überzeugt werden müssen, ist Unternehmenskommunikation vor allem Überzeugungsarbeit (vgl. ebd., S. 13). Kommunikatoren eröffnen sich diesbezüglich zwei Möglichkeiten: die rationale und die emotionale Persuasion. Während Kommunikationsmanager unter Verwendung rationaler Per- suasionstechniken versuchen, mit Argumentationslinien, Daten, Fakten und logischen Schlussfolgerungen zu überzeugen, setzen sie mit emo-tionaler Persuasion „auf Gefühle, begeistern und stimulieren" (ebd., S. 14).

Mit der rationalen Überzeugungsstrategie sprechen PRler vor allem Rezipienten an, „die strukturierten Argumentationen zugänglich sind" (ebd.) und darüber hinaus Vorstellungen, Werte und Interessen des Unternehmens teilen. Rationale Persuasion funktioniert auch nur dann, wenn Sender und Empfänger der (Unternehmens-)Botschaft gleichermaßen gewillt sind, Zeit und Aufmerksamkeit zu investieren bzw. schenken (vgl. ebd.). In einer solch komfortablen Situation befinden sich Organisationen gewiss äußerst selten.

Im Vergleich zu diesem strategisch bewussten Vorgang stellt die emo- tionale Kommunikation einen intuitiven Prozess dar, der alle Hirnregionen, insbesondere die rechte, gefühlsbetonte Hälfte, aktiviert. Als „spielerisches Lernen und spielerische Konzentration" (ebd., S. 15) ist die emotionale Persuasion weit weniger anstrengend als die rationale Persuasion. Geschichten und Bilder lassen ihre Zuhörer und Betrachter für einen Moment in eine andere Welt „abtauchen", die sich bei Rückkehr in die „Realität" auf die Wahrnehmung desselben auswirkt: „Storys schaffen Bilder, Bilder schaffen Emotionen und Emotionen schaffen Veränderungen. Storys sind die Art und Weise, wie wir uns die Realität erklären" (Etzold 2017, S. 5).

Sammer schildert, dass emotionale Kommunikation mit Techniken der „Immersion und Identifikation" (Sammer 2017, S. 15) arbeitet und Geschichten ihre Empfänger daher anders ansprechen als faktenbasierte Kommunikationsangebote. Machill, Köhler und Waldhauser fanden beispielsweise heraus, dass narrativ aufbereitete Informationen von Rezipienten, die ein geringes Maß an Vorwissen und Interesse aufweisen, erheblich besser verstanden und erinnert werden können als klassisch vermittelte Inhalte (vgl. Machill et al. 2006, S. 494). Im Vergleich zu abstrakter Kommunikation, die die Interaktion zwischen Sender und Empfänger weitestgehend reduziert, „intensiviert narrative Kommunikation" (Faust 2006, S. 23) die Beziehungen zwischen den Dialogpartnern. Durch den Einbezug des Rezipienten als indirekten Teilnehmer und „Co-Creator" der Story erschafft dieser sie selbst in seiner Vorstellung, sodass sie nicht als etwas Fremdes von außen an ihn herantritt, sondern Teil seiner Identität wird. Die geweckte Vorstellungskraft und der Versuch des Rezipienten, den Sinn der Geschichte zu erfassen, lassen ihn schließlich vom passiven Zuhörer zum aktiven Mitdenker werden (vgl. ebd.).

Als kraftvolles Managementwerkzeug einerseits und spielerische Kommunikation andererseits kann Storytelling der Ausweg aus dem Dilemma der Reizüberflutung in einer Mediengesellschaft sein (vgl. ebd., S. 3). Wenn im richtigen Moment die passende Geschichte erzählt wird, wirkt diese wie ein anziehender Magnet auf ihre Zuhörer und kann das Vertrauen und Verständnis, vielleicht sogar die Begeisterung der Anspruchsgruppen entfachen (vgl. Sammer 2017, S. 18; Faust 2006, S. 3).

4.6 Zusammenfassung

Geschichten wirken. Das Gelingen einer Geschichte misst sich nicht nur an den spontanen Reaktionen ihres „Publikums", sondern auch an ihrem Verbleib in ihren Köpfen und Herzen, in der Erinnerung" (vgl. Kocks 2017, S. XII). Zweifelsohne ist der Begriff der Geschichte schwer fassbar. Die aufgezeigten Bestandteile und

Wirkungsweisen sind dem Versuch gefolgt, eine definitorische Präzision vorzunehmen: Jede Geschichte handelt von einem Protagonisten, der die Identifikationsgrundlage für die Rezipienten darstellt. Er ist auf einen prägnanten Archetypus bezogen, löst durch seine „typische" Rolle bestimmte Assoziationen aus und bewegt sich innerhalb eines Deutungsrahmens. Der thematisierte Konflikt ist als Treibstoff der Story zu verstehen. Er kann sowohl ein innerer Kampf des Helden als auch eine Auseinandersetzung zwischen Mensch und gesellschaftlichen Normen sein. In der Regel weist eine Geschichte eine Hauptbotschaft auf, die sich aus dem Bestreben des Protagonisten, den auftretenden Konflikt zu lösen, ergibt. Zwei Handlungsmuster stellen das Drei-Akt-Modell und die Heldenreise dar. Geschichten bestehen aus Mustern. Ihre Bedeutungen werden aufseiten der Rezipienten auf Grundlage viabler Wirklichkeitskonstruktionen gebildet. Storys belohnen ihre Empfänger mit positiven Gefühlen, zeichnen lebhafte Bilder in ihrer Vorstellung, hinterlassen eine tiefe Spur im individuellen und kollektiven Gedächtnis und führen zur Beteiligung der Stakeholder am Unternehmensgeschehen.

Bezogen auf die Unternehmenskommunikation positionieren sich einige Autoren mit der Auffassung, dass „reale" Corporate Storys anschlussfähiger seien als fiktive. Zudem ist die grundsätzliche Nachvollziehbarkeit von Handlungen, Einstellungen und Emotionen der Charaktere für die Anteilnahme der Rezipienten und den Erfolg der Geschichte ausschlaggebend. Die Hauptbotschaft einer Corporate Story wird auch als Core-Story bezeichnet. Sie umfasst ein übergeordnetes Belohnungsversprechen, Erfolgsfaktoren, die zum Erreichen des Belohnungsversprechens beitragen sowie eine eingenommene Haltung des Unternehmens. Indem die Core-Story die Leistungen und den Stellenwert einer Organisation verdeutlicht, legitimiert sie die gesellschaftliche Existenz eines Unternehmens.

Im organisationalen Kontext ist Kommunikation vor allem als Überzeugungsarbeit zu verstehen. Diesem Verständnis zufolge stellt Storytelling ein Instrument für die emotionale Persuasion der Stakeholder zum Erreichen der Kommunikations- und Unternehmensziele dar. Mit überzeugender Kommunikation können Unternehmen öffentliche Meinungsbildungsprozesse und Bedeutungskonstruktionen steuern. Um das Vertrauen und die Unterstützung der Anspruchsgruppen zu gewinnen, sollten Organisationen authentisch und glaubwürdig kommunizieren. Der Glaubwürdigkeit einer Unternehmensgeschichte verhelfen nicht ausschließlich Erfolgsmomente, Meilensteine und Errungenschaften, vor allem Herausforderungen und bestehende Schwierigkeiten tragen zum aufmerksamen Zuhören, aktiven Mitdenken und dem Bedürfnis der Stakeholder bei, den thematisierten Konflikt lösen zu wollen. Darüber hinaus kann die Erzählung eines Außenstehenden besonders authentisch wirken. Pascal formulierte dies wie folgt: „Willst du, dass man Gutes von dir sagt, so sage es nicht selbst" (Blaise Pascal).

5 Die klinische Psychiatrie als stakeholderorientierte Organisation

Um zu erreichen, dass Anspruchsgruppen Gutes über eine Organisation berichten, ist es für sie unabdingbar, sich zunächst mit ihrer Identität auseinanderzusetzen und auf Grundlage dessen ihren Einsatz von Kommunikationsinstrumenten zu prüfen: „Self-Knowledge is the root of all great storytelling" (McKee 2003, S. 55). Somit müssen auch für das Storytelling der klinischen Psychiatrie prägnante Charakteristika der Institution erarbeitet werden.

5.1 Definition: die (klinische) Psychiatrie

Der Begriff „Psychiatrie" stammt aus dem Griechischen und setzt sich aus den Worten „Psyche" (Seele) und „iatrós" (Arzt) zusammen, sodass „Psychiatrie" wörtlich übersetzt „Seelenarzt" bedeutet (vgl. Vetter 1989, S. 1). Der Ausdruck „Psychiatrie" wurde erstmals 1808 vom „deutschen Pinel" Johann Christian Reil verwendet, konnte sich jedoch erst in der zweiten Hälfte des 19. Jahrhunderts durchsetzen (vgl. Bonnemann/Brückner 2017). Der Psychiater Payk bezeichnet seine Berufsgruppe als „Forscher im Labyrinth der Seele" (Payk 2000). Schwarzer definiert die „Psychiatrie" als „die Lehre von den psychischen Erkrankungen […] und deren Behandlung" (Schwarzer 2011, S. 213). Kulbe präzisiert den Terminus und beschreibt die „Psychiatrie" als eine „Teildisziplin der Medizin, die sich mit der Prävention, Diagnostik, Therapie und Rehabilitation psychischer und psychosomatischer Erkrankungen und Störungen[8] beschäftigt" (Kulbe 2017, S. 96).

So vielfältig psychische Erkrankungen und Störungen sind, so facettenreich sind auch die Spezialgebiete der Psychiatrie, wie die *klinische* und forensische Psychiatrie, die Sozialpsychiatrie, die Kinder- und Jugendpsychiatrie oder die Gerontopsychiatrie. Andere Unterscheidungen werden auf Grundlage der Art der

---

[8] Der Unterscheidung zwischen einer psychischen Krankheit und Störung verschafft Andreas Heinz, Direktor der Klinik für Psychiatrie und Psychotherapie am Campus Charité Mitte in Berlin, Abhilfe, indem er eine „Krankheit" definiert als „für das Leben und Überleben des Individuums relevante Störung einer Organfunktion" (Heinz 2015, S. 38) und Störungen als „eine Reihe von Leidenszuständen, die nicht das medizinische Kriterium der Beeinträchtigung einer lebensnotwendigen Funktion erfüllen" (ebd., S. 40), den Betroffenen indes dennoch in seinem Lebensalltag beeinträchtigen. Eine Vielzahl der Autoren nimmt keine Differenzierung der Begrifflichkeiten vor und verwendet im identischen Kontext beide Termini, was eine Unterscheidung der Begriffe im Sinne der Autoren, zumindest auf Basis der verwendeten Literatur, verunmöglicht und dazu führt, dass die Begrifflichkeiten in diesen Ausführungen ebenfalls synonyme Anwendung finden.

psychiatrischen Arbeit, wie der Psychotherapie oder der Anstaltspsychiatrie, vorgenommen. Auch die theoretischen Grundlagen bieten eine Möglichkeit, das medizinische Fachgebiet näher zu benennen, sodass beispielsweise von der biologischen, der anthropologischen, der endokrinologischen Psychiatrie oder der Psychosomatik und Psychopathologie die Rede ist (vgl. Gesundheitsberichterstattung des Bundes o. J.; Paulitsch/Karwautz 2008, S. 13; Schmiedgen et al. 2014, S. 13 f.).

Die Heterogenität des Begriffs „Psychiatrie" zeigt, dass sie „sowohl die theoretische Wissenschaft als auch die angewandte Praxis" (Schwarzer 2013, S. 213) und somit ebenfalls therapeutische Interventionen in psychiatrischen Einrichtungen umfasst. Wie bereits an anderer Stelle ausgeführt, hat die 1975 konstituierte Psychiatrie-Enquête die Behandlung psychisch kranker Menschen in Deutschland beispiellos bereichert. Derweil blickt die Bundesrepublik auf ein Versorgungssystem, das auf einem komplexen Zusammenspiel verschiedener Hilfsangebote fußt, die von unterschiedlichen Berufsgruppen, wie Psychiatern, Psychotherapeuten, Pflegekräften oder Sozialarbeitern, erbracht werden. Die hiesige Versorgungslandschaft ist inzwischen so ausdifferenziert, dass der Psychiater Crefeld von einem „psychosozialen Dschungel" (Crefeld 2011, S. 405) spricht. Das psychiatrische Versorgungssystem stellt sich weder in den Bundesländern noch in den Landkreisen einheitlich dar (vgl. BApK 2009, S. 25). Darüber hinaus halten Informationsangebote und Fachliteratur unterschiedliche Bezeichnungen für vergleichbare Behandlungen und Einrichtungen und zugleich identische Bezeichnungen für vollkommen unterschiedliche Dienste bereit (vgl. ebd.). Die Tatsache, dass keine zentrale Übersicht über die Versorgungsinstitutionen der Bundesrepublik besteht, macht ihren „gegenwärtigen Stand kaum darstellbar" (vgl. Arolt et al. 2011, S. 367).

In Theorie und Praxis besteht zumindest Einigkeit darüber, dass die Behandlung Erkrankter in (voll-)stationären, teilstationären und ambulanten Einrichtungen erfolgt (vgl. Schwarzer 2011, S. 213).

Die stationäre Therapie wird in einer Vielzahl psychiatrischer Fachkliniken und Abteilungen an Allgemeinkrankenhäusern, darunter zahlreichen Universitätskliniken, bewältigt. Die *klinische Psychiatrie*[9] stellt somit, wie es der Terminus offensichtlich wiedergibt, die psychiatrische Behandlung in einer Klinik dar.

---

[9] Wird in den nachfolgenden Ausführungen der Einfachheit halber von „der" Psychiatrie gesprochen, ist damit stets die klinische Psychiatrie gemeint.

Innerhalb der vergangenen Jahrzehnte konnte die stationäre Behandlung eine starke Leistungsverdichtung verzeichnen (vgl. Burger 2019). 2017 standen deutschlandweit insgesamt 56.223 psychiatrische Krankenhausbetten in 407 Fachkliniken bzw. -abteilungen in Allgemeinkrankenhäusern zur Verfügung, sodass über 800.000 stationäre Behandlungen durchgeführt werden konnten (vgl. DGPPN 2019). Insgesamt wurde die Anzahl der Betten in den jeweiligen Stationen stark reduziert, auch die Verweildauer psychisch kranker Patienten beträgt laut dem Statistischen Bundesamt nur noch 23,8 Tage (vgl. Statistisches Bundesamt 2018). Im Vergleich zur sinkenden Belegdauer durch schnellere Entlassungen werden Patienten jedoch öfter wiederaufgenommen, sodass auch von der „Drehtürpsychiatrie" die Rede ist (vgl. Paulitsch/Karwautz 2008, S. 25).

Die vielfältigen Fachdisziplinen und das unüberschaubare Versorgungssystem erschweren Betroffenen die Navigation zu einer heilsamen Therapie erheblich. Wenngleich die klinische Psychiatrie in der Bevölkerung oftmals als Stellvertreter „der" Psychiatrie fungiert, dürfte der hohe Ausdifferenzierungsgrad nicht unwesentlich zu Verständigungsproblemen über „die" Psychiatrie beitragen. Auch die häufige Gleichsetzung mit der forensischen Psychiatrie ist für das Ansehen der klinischen Psychiatrie ein „gewaltiges Problem" (Finzen 2014, S. 8). Die komplexe Struktur des psychiatrischen Versorgungssystems stellt Kommunikationsverantwortliche vor die Herausforderung, homogene Botschaften über eine äußerst heterogene Disziplin zu formulieren. Kommunikationsmanager einer psychiatrischen Klinik sind daher mit der Beantwortung der Frage beauftragt, wie „die" Psychiatrie in der Öffentlichkeit wahrgenommen werden möchte und wie sie in Anbetracht der Tatsache, dass jeder etwas Anderes von ihr verstehen mag, über sich selbst sprechen sollte (vgl. ebd., S. 7).

Nachdem inzwischen mehrfach die Relevanz der stakeholderorientierten Unternehmenskommunikation betont und nur implizit erwähnt wurde, dass es sich bei „Stakeholdern" um „Anspruchsgruppen" handelt, ist es für die Vertiefung der Psychiatriekommunikation unabdingbar, den Stakeholderansatz zumindest in komprimiertem Umfang darzulegen.

5.2 Zum Begriff des Stakeholders: Ursprünge, Definitionen und Abgrenzung

Das Stakeholderkonzept[10] geht auf das Jahr 1918 und die Publikation „The New State" von Mary Parker Follett zurück. In ihrem Werk führt Follett das „law of interpenetration" (Follett 1918, S. 23), aus heutiger Sicht einen Stakeholderansatz, an. Explizit wurde der Begriff „Stakeholder" erstmals 1963 in einem internationalen Memorandum am Stanfort Research Institute verwendet und als „those groups without whose support the organization would cease to exist" (Freeman 1984, S. 31) definiert. Infolge des ökonomischen Wandels in den 70er und 80er Jahren, des Neoliberalismus, der Deregulierung der Märkte, der Privatisierung staatlicher Unternehmen, neuer Produktionsprozesse, alternativer Energieformen und demografischer Faktoren, erhielt das Stakeholderinvolvement 1984 durch das Rahmenwerk „Strategic Management. A Stakeholder Approach" vom Philosophen R. Edward Freeman Bedeutung für die Managementliteratur (vgl. Hansen et al. 2018, S. 292). In seiner Abhandlung definiert Freeman den Terminus wie folgt:

> „A stakeholder in an organization is (by definition) any group or individual who can affect or is affected by the achievement of the organization's objectives" (Freeman 1984, S. 46).

Für die Übersetzung des Terminus sind in der Literatur unterschiedliche Herangehensweisen zu finden. Bei Zerlegung des Begriffs wird deutlich, dass ihm die Bestandteile „stake" und „to hold" zu Grunde liegen. Einigkeit herrscht darüber, dass Letzteres im Deutschen „halten" oder „innehaben" bedeutet (vgl. Hansen et al. 2018, S. 291). Dem Ausdruck „stake" kommen jedoch verschiedene Bedeutungen zu: Während Hansen, Holetzek, Heyder und Wiesemann das Wort mit „Anteil" oder „Beteiligung" übersetzen, deutet Eberhardt es als „Pfahl" oder „Pflock" und schildert, das deutsche Wort „Anteil" werde vom englischen Begriff „share" ausgedrückt (vgl. Hansen et al. 2018, S. 291; Eberhardt 1998, S. 145). Die unterschiedliche Übersetzung des Terminus „stake" relativiert sich zunächst bei der Feststellung, dass beide Parteien den vollständigen Ausdruck in gleicher Weise auffassen: Hansen et

---

[10] Im Hinblick auf die weiteren Ausführungen sollte darauf hingewiesen werden, dass dem Stakeholder-Einbezug als kommunikativer Organisationsoperation in der Literatur eine Vielzahl von Status zugesprochen wird (vgl. Donaldson/Preston 1995, S. 70). Eine Differenzierung der Begrifflichkeiten des Stakeholdermanagements, -konzeptes, -modells, -ansatzes oder auch der -theorie ist für die weiteren Ausführungen weder erforderlich noch zielführend, sodass die Begrifflichkeiten synonym verwendet werden.

al. definieren einen „Stakeholder" als einen „Akteur", einen „Beteiligten", einen „Interessenvertreter" oder einen „Anspruchsberechtigten" (vgl. Hansen et al. 2018, S. 291). Eberhardt bezieht den „Pfahl" oder „Pflock" auf die deutsche Redewendung des „Pflöcke-Einschlagens" und kommt ebenfalls zu dem Schluss, dass ein „stake" ein „in Form von Ansprüchen artikuliertes begründetes Interesse" (Eberhardt 1998, S. 146) gegenüber einem Unternehmen ist:

> „Stakeholder sind damit all diejenigen Individuen, Gruppen und Institutionen, welche die Ziele und das Handeln einer Unternehmung durch ihre Ansprüche aktiv beeinflussen, aber auch durch die Zielerreichung und das unternehmerische Handeln selbst beeinflußt werden" (ebd.).

Die Anmerkung Eberhardts, der Begriff „Anteil" komme durch das englische Wort „share" zum Ausdruck, eröffnet den Blick auf ein verwandtes oder besser gesagt gegenteiliges Konzept, den sogenannten Shareholderansatz. Laut Eberhardt wurde der Stakeholderansatz „als Gegenpol zu dem schon damals aktuellen *Shareholder-Value-Ansatz* konzipiert" (Eberhardt 1998, S. 145, Hervorhebung i. O.). Während anspruchserhebende Eigentümer im Mittelpunkt des Shareholderansatzes stehen, besagt der Stakeholderansatz, dass sämtliche unternehmensinterne und -externe Personen die Leistungsfähigkeit einer Organisation beeinflussen können:

> „The stockholders are only one of many competing and diverse groups that impact on the modern corporation, organization, or institution and must increasingly be considered by it if it is to survive, that is, if it is to assume control of its destiny" (Mitroff 1983, S. 4).

5.3 Das Stakeholdermanagement der klinischen Psychiatrie

Freeman zufolge sind Organisationen inneren und äußeren Einflüssen ausgesetzt (vgl. Freeman 1984, S. 8, S. 11). Die Handlungsfähigkeit der klinischen Psychiatrie ist somit, wie angedeutet, von internen und externen Stakeholdern bestimmt.

Interne Stakeholder klinischer Psychiatrien sind beispielsweise Eigentümer, Manager und Mitarbeiter. Medien, Kommunen, Politik, Lieferanten, Krankenkassen, Träger, potenzielle Mitarbeiter, niedergelassene Ärzte bzw. Einweiser, Gerichte,

Selbsthilfegruppen und Angehörige dürften als externe Stakeholder klassifiziert werden können.[11]

Aus der Differenzierung zwischen internen und externen Anspruchsberechtigten entstanden in den 90er Jahren zwei weitere organisationsrelevante Gruppen: primäre und sekundäre Stakeholder. Während sich die Unterscheidung zwischen internen und externen Stakeholdern auf ihre Lokalisierung bezieht, fragt die Differenzierung primärer und sekundärer Stakeholder nach der Maßgeblichkeit der Personenkreise. Mitchell, Agle und Wood beschreiben primäre und sekundäre Stakeholder als „actors or those acted upon" (Mitchell et al. 1997, S. 854). Primäre Stakeholder sind für den unternehmerischen Erfolg und Fortbestand der Psychiatrie unverzichtbar. Ihr unmittelbarer Einfluss auf die Handlungsfähigkeit der Einrichtung wird beispielsweise am Streik von Personal oder der Kooperationsauflösung von Lieferanten deutlich. Primäre Stakeholder sind „unmittelbar in die Entscheidungen involviert" (Hansen et al. 2018, S. 295) und tragen „straf- oder haftungsrechtliche Verantwortung für Entscheidungsprozesse" (ebd.). Der Anspruch sekundärer Stakeholder beruht auf ihrem öffentlichen Interesse, ihnen gegenüber hat die Psychiatrie keine rechtlichen Verpflichtungen (vgl. ebd.). Selbsthilfegruppen oder Medien beispielsweise verfügen zwar über einen geringeren, jedoch nicht zu unterschätzenden Einfluss, da sie das Umfeld der Psychiatrie als Teil dessen und somit auch primäre Stakeholder wesentlich beeinflussen können. Wie Mitchell et al. zu verstehen geben, sind sekundäre Stakeholder den Entscheidungen primärer Stakeholder ausgesetzt, sodass die Betroffenheit das maßgebliche Kriterium des Stakeholdermanagements der Psychiatrie darstellt (vgl. ebd., S. 295).

Neben der Identifikation der Stakeholder ist der Umgang mit Informationen für das Management der Psychiatrie maßgeblich. Die Konsequenzen des zunehmend relevanten Einbezugs der Anspruchsgruppen formuliert Crane wie folgt: „As a result, corporations have experienced pressure to provide a broader range of information [...] to a wider range of stakeholders" (vgl. Crane 2003, S. 40). Der zweite unabdingbare Faktor für das erfolgreiche Stakeholdermanagement der Psychiatrie besteht somit im Dialog mit der Organisationsumwelt. Für den Begriff des „Dialogs" liegt eine Vielzahl an Definitionen vor, vereinfacht ausgedrückt handelt es sich um „eine

---

[11] Diesbezüglich sei angemerkt, dass die Komplexität des psychiatrischen Versorgungssystems, zumindest im Rahmen dieser Abhandlung, nur eine sehr grobmaschige Gliederung ermöglicht und die Ausführungen keinen Anspruch auf Vollständigkeit erheben können.

Konversation, die einen positiven Austausch ermöglicht" (Rhein 2017, S. 6). Burchell und Cook fassen verschiedene Auslegungen zusammen:

> „Dialogue, is therefore identified as an important channel through which to transcend beyond traditional conflictual processes of communication between organizations and develop a more progressive form of engagement and understanding" (Burchell/Cook 2006, S. 212).

Die Möglichkeit, durch die Vermittlung von Corporate Messages in den Dialog mit Anspruchsgruppen zu treten, wurde bereits im Rahmen des diskursiven Kommunikationsmodus aufgeführt. Da eine Geschichte als eine Form des Dialogs verstanden werden kann, weisen die erfolgsentscheidenden Merkmale eines Stakeholderdialogs starke Parallelen zum Corporate Storytelling auf.

Erfolgreiche Dialoge zeichnen sich vor allem durch Vertrauen, Transparenz und Offenheit aus. Gegenseitiges Vertrauen bildet die Basis einer erfolgreichen Zusammenarbeit, es ist die Grundvoraussetzung für das Gelingen eines jeden Dialogs (vgl. Swift 2001, S. 24). Insbesondere der Einbezug der Stakeholder wirkt auf diese vertrauensbildend und führt dazu, dass sie sich für die Lösung eines Problems, wie der Stigmatisierung von Menschen mit psychischen Erkrankungen, verantwortlich fühlen:

> „Stakeholder trust in a company can be achieved in particular by involving them in the dilemmas the company is faced with" (Kaptein/van Tulder 2003, S. 208).

Das Offenlegen bestehender Probleme stellt sicher, dass die Dialogbeteiligten vollständig aufgeklärt sind (Offenheit) und alle notwendigen Informationen für die Problemlösung zur Verfügung stehen (Transparenz) (vgl. Pedersen 2006, S. 141 f.). Die Offenheit und Transparenz des Dialogs tragen dazu bei, dass die Beziehung zwischen der Psychiatrie und ihren Anspruchsgruppen als Partnerschaft betrachtet wird. Ein partnerschaftliches Verhältnis bedeutet jedoch nicht, so betonen Kaptein und van Tulder, dass sämtliche Stakeholdererwartungen berücksichtigt werden können. Vielmehr verhindert der Stakeholderdialog ein „Verstecken" der Psychiatrie:

> „A company is [...] not a [...] democracy. Stakeholders must accept that this involves making choices and reaching compromises. Stakeholder dialogue, therefore, does not imply that stakeholders have the right to be involved in all decisions, that all stakeholder expectations have to be met, or that the company can hide behind the stakeholder dialogue" (Kaptein/van Tulder 2003, S. 211).

Darüber hinaus schildert Isaacs, dass die Dialogpartner von den Erfahrungen des jeweils anderen profitieren können und der kommunikative Austausch immer ein Lernprozess für die Beteiligten darstellen sollte (vgl. Isaacs 1993, S. 28 ff.).

Für einen gelungenen Stakeholderdialog, beispielsweise in Form von erzählten Unternehmensgeschichten, ist nicht nur die Identifikation der Stakeholder grundlegend, sondern auch die Ermittlung ihrer Ansprüche. Im Zuge ihrer (kommunikativen) Ausrichtung sollte die Psychiatrie konfligierende Interessen von zum Beispiel Patienten und Eigentümern berücksichtigen und Corporate Messages auf Basis der Befindlichkeiten und Frames ihrer Rezipienten entwickeln. Nur wenn die Psychiatrie in der Lage ist, die Erwartungen ihrer Stakeholder zu erfüllen, sind diese gewillt, mit dem Unternehmen zu kooperieren (vgl. Brammer/Pavelin 2004, S. 706).

Da Patienten und Angehörigen in Theorie und Praxis eine herausragende Bedeutung für das Klinikmanagement zukommt, werden im Folgenden stark verkürzt einige Mutmaßungen über die Erwartungen dieser Stakeholdergruppen angestellt.

Für viele Erkrankte dürften eine erfolgreiche Therapie und fachlich kompetentes Personal die wichtigsten Erwartungen an die Behandlung in einer psychiatrischen Klinik oder Station darstellen. Auch die Freundlichkeit und Empathie der Mediziner und Pflegekräfte ist für das Wohlbefinden der Patienten sicherlich ausschlaggebend. Voraussichtlich erwarten Betroffene ebenfalls einen menschenwürdigen Umgang, die Wahrung ihrer Rechte, gegenseitige Rücksichtnahme unter Patienten und den Schutz ihrer Privatsphäre. Sicherlich rechnet ein Großteil der Patienten mit einer medikamentösen Behandlung und hofft auf die Erörterung seiner Vor- und Nachteile im persönlichen Arztgespräch. Dementsprechend sollten sich die Behandelten wünschen, dass Klinikmitarbeiter, insbesondere Ärzte, ausreichend Zeit für sie haben und ihre Sorgen, Ängste und Wünsche ernst nehmen. Neben Rahmenbedingungen, wie der Ausstattung und Sauberkeit der Einrichtung oder Freizeitangeboten, stellt der Einbezug von Familienangehörigen für einige Betroffene vermutlich ebenfalls einen wichtigen Aspekt ihrer Zufriedenheit dar.

Die Diagnose einer psychischen Störung bedeutet für das Gros der Familienmitglieder zunächst eine schmerzliche Phase der Eingewöhnung. Zum dominierenden Gefühl der Überforderung und der gebotenen Unterordnung eigener Zukunftspläne kommt oftmals erschwerend hinzu, dass Angehörige der fehlgeleiteten Erziehung verdächtigt werden und ihnen eine Mitschuld für die Erkrankung gegeben wird. Dabei ist der Wunsch vieler Angehöriger, als Mitleidende einbezogen, statt als Leid-Verursachende ausgeschlossen zu werden, groß (vgl. Berg 2001).

Die Eltern, Kinder, Geschwister oder Ehepartner dürften im Sinne der Erkrankten ebenfalls eine erfolgreiche, professionelle und fürsorgliche Behandlung der Patienten erwarten. Bei einem engen Verhältnis zum Betroffenen weisen Angehörige vermutlich ein hohes Interesse an der Therapie auf und fordern aller Voraussicht nach regelmäßige Gespräche mit Ärzten, im Rahmen derer sie verständlich über das Krankheitsbild, den Therapieverlauf und die medikamentöse Behandlung aufgeklärt werden möchten. Einige Angehörige wollen sicherlich ebenfalls eigene Behandlungspräferenzen berücksichtigt wissen. Da die Menschen im unmittelbaren Umfeld des Patienten dessen Leiden oftmals besonders stark erleben, dürften sie darauf hoffen, dass das Klinikpersonal die Motivation und das Selbstbewusstsein des Erkrankten fördert und Zuversicht vermittelt. Darüber hinaus ist zu wünschen, dass die Familienmitglieder auch während des Klinikaufenthaltes des Erkrankten ausreichend Zeit mit ihm verbringen möchten.

Mit Abschluss dieses Kapitels wurde ein Grundstock für die Vertiefung der Ausführungen geschaffen. Um die Komplexität und inhaltliche Heterogenität der Abhandlung annähernd abfangen zu können, erfolgt zunächst eine grobmaschige Zusammenfassung der erarbeiteten Inhalte.

6 Zur Bedeutung des Storytellings für das Framing der klinischen Psychiatrie: ein Zwischenfazit

Der Verlauf dieses Kapitels entspricht der Vorgehensweise der gesamten Abhandlung: Zunächst werden die Grundkenntnisse zur Aufbereitung und Vermittlung von Unternehmensbotschaften wiederholt. Da bereits zum Ende der Kapitel der Kommunikationsinstrumente ein Resümee gezogen wurde, wird in diesem Abschnitt lediglich die Kausalität der Instrumente erörtert. Die Darstellung der Psychiatrie als Organisation ermöglicht die Bezugnahme aller nachfolgenden Inhalte auf die Psychiatrie.

6.1 Die Entwicklung und Steuerung von Corporate Messages

In der heutigen Mediengesellschaft trägt die Informationsflut zu einem Höchstmaß an Bewertungsprozessen gesellschaftlicher Objekte bei, sodass der strategischen Unternehmenskommunikation eine besonders hohe Bedeutung zukommt. Denn durch die zielgerichtete Aufbereitung und Vermittlung von Themen, die sowohl für Organisationen als auch ihre Anspruchsgruppen ein wichtiges oder interessantes Anliegen darstellen, können Unternehmen das Vertrauen der Stakeholder gewinnen, den Stellenwert ihrer Funktion aufzeigen, ihre gesellschaftliche Existenz legitimieren und langfristig handlungsfähig bleiben. Wie in Kapitel 2 ausgeführt, benötigt strategische Kommunikation überzeugende Botschaften. Dafür werden, ausgehend von Kommunikations- und Unternehmenszielen, möglichst klare und präzise Corporate Messages formuliert, entwickelt und gesteuert. Dabei ist nicht nur relevant, *was* Kommunikationsmanager vermitteln, sondern auch *wie* sie es tun. Als inhaltliche Dimension der Unternehmenskommunikation kommt dem Themenmanagement somit eine Thematisierungs- und Themengestaltungsfunktion zu. Demnach geht es um korporatives Agenda-Setting einerseits und Kommunikationsmodi und -techniken andererseits. Mittels Kommunika-tionsmodi können Grundmuster der Informationsaufnahme und -verarbeitung stakeholderorientiert adressiert und Informationen in bestehende Frames eingeordnet werden. Abhängig vom Schwerpunkt und Erzählanlass der zu vermittelnden Thematik können einzelne oder mehrere Modi die Core-Story und ihre Nebenbotschaften vermitteln. Zwei komplementäre Methoden für die Aufbereitung und Vermittlung von Corporate Messages sind das Framing und Storytelling. Sie sind sowohl Strategiekonzepte als auch Kommunikationstechniken bzw. -instrumente für die Umsetzung der Kommunikationsformate.

Im Zusammenhang mit eher kognitiv ausgerichteten Modi findet überwiegend Framing Anwendung; im narrativen Modus, der die emotionale Ebene der Empfänger anspricht, wird insbesondere Storytelling herangezogen (vgl. ebd., S. 656).

6.2 Zur Kausalität von Framing und Storytelling

Auf Grundlage der Ausarbeitungen können drei oder genauer gesagt vier kausale Aussagen über den Zusammenhang der subtil wirkenden Kommunikationsinstrumente getroffen werden:

Das Erzählen einer Geschichte ist die Rahmung eines Sachverhaltes. Diesem Verständnis verhilft die Erläuterung Batesons, dass ausgewählte und hervorgehobene Inhalte (eine Geschichte) durch einen äußeren Rahmen (einen Frame) begrenzt werden. Die erste Erkenntnis lautet daher wie folgt: *Eine Geschichte ist „geframt".*

Eine Geschichte setzt sich aus einer Abfolge systematisch ausgewählter Akteure, Handlungen, Konflikte und Botschaften bzw. zeitlich und räumlich begrenzter Realitätsausschnitte zusammen (vgl. Krüger 2015, S. 91). Somit ist das Erzählen einer Geschichte Selektion. Bei Erhöhung des Abstraktionsgrades ist festzustellen, dass es sich bei den einzelnen Geschichtselementen um ein „themenunabhängiges, universelles Muster" (ebd.) – einen Frame – handelt. Diese Annahme deckt sich mit Herbsts Schilderung, Geschichten bestünden aus Mustern, und Dahindens Erklärung, dass Frames auf allen Ebenen des massenmedialen Kommunikationsprozesses und somit auch unmittelbar in den Inhalten der Unternehmenskommunikation, in Geschichten, zu identifizieren sind. Diese Annahmen führen zur zweiten Feststellung: *Eine Geschichte beinhaltet Frames.*

Eine Geschichte kann also als „gerahmt" aufgefasst werden, da sie, bildlich gesprochen, durch einen äußeren Rahmen begrenzt ist und somit bestimmte Informationen ein- und ausschließt. Zudem stellen die einbezogenen Inhalte selbst Frames dar. Diese komplementären Annahmen führen zu einer dritten Aussage über den Zusammenhang der Instrumente, die dem Storytelling eine aktivere Rolle zukommen lässt. Erzählen Kommunikationsverantwortliche ihren Anspruchsgruppen eine gerahmte und rahmen-beinhaltende Geschichte, rahmen sie damit aktiv thematisierte Sachverhalte und konstruieren aufseiten ihrer Empfänger eine Vorstellung von Realität. Somit kann dem Storytelling für das Framing eine weitreichende Funktion zugesprochen werden: *Geschichten „framen".*

Durch eine stringente Kommunikationsstrategie und die Aneinanderreihung konsistenter Corporate Messages „framen" Kommunikationsmanager nicht nur einzelne Geschichtselemente bzw. singuläre erfolgsrelevante Akteure oder Leistungen, sondern ermöglichen auch dauerhaftes Lernen ihrer Dialogpartner und zeichnen langfristig ein schlüssiges Gesamtbild der Organisation. Damit lässt sich schließlich folgendes Resümee ziehen: Geschichten „framen" Organisationen.

6.3 Die Relevanz des stakeholderorientierten Instrumenteneinsatzes für die klinische Psychiatrie

Gegenwärtig sehen sich Organisationen jeglicher Art mit der Herausforderung konfrontiert, ihre Position in der Gesellschaft zu behaupten. Die Notwendigkeit stakeholderorientierter Kommunikation betrifft nicht nur „typische" Wirtschaftsunternehmen, sondern insbesondere Institutionen des Gesundheitssektors, da ihre Leistungen, vor allem für Außenstehende, oftmals sehr viel schwerer nachzuvollziehen sind, als es der Mehrwert eines Unternehmens für die Konsumbefriedigung ist. Auch innerhalb der Gesundheitsbranche bestehen Unterschiede im Hinblick auf das Legitimationsbedürfnis der Einrichtungen, die unter anderem eine Folge unterschiedlich starker Berührungspunkte sind. Während vermutlich nahezu jeder schon einmal einen Allgemeinmediziner aufgesucht hat und der Nutzen eines Arztes für die Behandlung einer somatischen Krankheit vielen bewusst sein dürfte, kommen nur wenige Personen im Laufe ihres Lebens mit einer psychiatrischen Klinik in Kontakt.

Als kontaktintensivierende Dialogform scheint das Storytelling geeignet, um eine (kommunikative) Annäherung zwischen der Psychiatrie und ihrer Umwelt zu wagen. Insbesondere der Wahrnehmungssteuerung externer Stakeholder, wie Medien, Politikern, Angehörigen oder Selbsthilfegruppen, dürfte eine herausragende Bedeutung zukommen, da diese im Vergleich zu Eigentümern, Managern oder Mitarbeitern potenziell weniger gewillt sein könnten, die Anliegen der Psychiatrie zu unterstützen. Um sich im Kampf um die Deutungshoheit durchsetzen zu können, gilt es zunächst herauszufinden, welche Geschichten in der Organisationsumwelt besonders emotional und somit handlungsauslösend wirken. Dafür wiederum empfiehlt es sich, einen Perspektivenwechsel zu vollziehen. Die Auseinandersetzung mit Meinungen, Einstellungen und Erfahrungen über die Psychiatrie ermöglicht Erwartungserwartungen für die Konfliktvermeidung und das Modellieren vorherrschender Frames in den Köpfen der Menschen, in den Medien und in der Gesellschaft. Auf diese Weise können Kommunikationsmanager mit rahmenden Geschichten zur Wirklichkeitskonstruktion der Stakeholder beitragen und möglicherweise das Ausbrechen der „zweiten Krankheit" (Finzen 2000) „psychisch

Kranker" verhindern. Nur durch das Offenlegen bestehender Schwierigkeiten und das proaktive Aufklären von Vorurteilen können Stakeholder Vertrauen fassen, von der Psychiatrie lernen, als Problemlöser einbezogen und Allianzen für den Kampf gegen die Stigmatisierung von Menschen mit psychischen Erkrankungen eingegangen werden.

7 Die klinische Psychiatrie: eine sprechende Medizin

Die Ausführungen liefern einen Hinweis darauf, wie wichtig der Stakeholderdialog für die Psychiatrie ist. Wie Watzlawick postuliert, sagt die Psychiatrie auch etwas aus, wenn sie nichts sagt. Das Risiko der unbeabsichtigten Kommunikation durch Sprachlosigkeit besteht nicht nur im Hinblick auf die Beziehung zwischen Psychiatrie und Öffentlichkeit, sondern birgt auch innerhalb der Klinik ein hohes Gefahrenpotenzial.

7.1 Über die heilsame Kraft des ärztlichen Wortes

„Die Medizin der Zukunft wird eine kommunikative Medizin sein oder sie wird die Menschen verlieren, für die sie [...] da ist" (Gottschlich 1998, S. 1). Es ist unbestreitbar, dass die moderne Medizin innerhalb der vergangenen Jahrzehnte große Fortschritte erzielen konnte. Ebenso groß jedoch scheint das wachsende Unbehagen vieler Menschen gegenüber der wissenschaftlich-technischen Medizin und die Kritik an ihrem Umgang mit Patienten (vgl. Gottschlich 1998, S. 1; Egger 2017, S. 192).

Die Konzepte „Gesundheit" und „Krankheit" sind keine dichotomen Kategorien, da der Übergang vom Gesundsein zum Kranksein fließend ist (vgl. Rudolph 2013, S. 21). Einerseits hängt die Feststellung einer Krankheit von der subjektiven Verfassung einer Person ab, andererseits beruht die Medizin auf Generalisierungen und wissenschaftlichen Beobachtungen, sodass sie „objektiv und universell" (Schramme 2012, S. 13) ist. Die Beurteilung eines Krankheitszustandes erfolgt daher sowohl auf Basis des subjektiven Empfindens als auch auf Grundlage der Abweichung von einer festgelegten Norm.

Den auf individueller Wahrnehmung basierenden Konzepten scheint die rein medizinisch-apparative Diagnostik nur noch unzulänglich gerecht werden zu können (vgl. Gottschlich 1998, S. 2). Unzweifelhaft wirkt die zeitgenössische medizinische Wissenschaft, große Teile des Leidens kann sie jedoch nicht erfassen (vgl. Egger 2017, S. 12). Die Vorstellung des Menschen als reparaturbedürftige Maschine lässt keinen Platz für Intuition und Geist. Für die Behandlung einer Krankheit braucht es feine „Antennen" (vgl. Gottschlich 1998, S. 4). Das Innehaben feiner Antennen drückt sich unmittelbar in der zwischenmenschlichen Interaktion bzw. im sozialen Prozess des wechselseitigen Informationsaustausches – der Kommunikation – aus. Die Genesung einer Krankheit und die Kommunikation darüber sind eng miteinander verbunden: Einerseits hängt das Heilen seit jeher in unterschiedlichsten Formen von Kommunikation ab, andererseits wirkt Kommunikation auf Heilungsprozesse (vgl. ebd., S. 5). Darüber hinaus greift verbale Kommunikation unmittelbar in das Körpergeschehen ein, da gesprochene Worte als Schallwellen durch das Ohr in die Sinnesorgane des Körpers gelangen und im Gehirn verarbeitet und interpretiert werden (vgl. Egger 2017, S. 196 f.). Ein weiteres Moment des Zusammenhangs zwischen Krankheit und Kommunikation besteht in der Vorstellung des menschlichen Körpers als „Sprachrohr" somatischer Krankheitssymptome (vgl. Kulbe 2017, S. 142). Im Zuge des kommunikativen Heilungsprozesses spricht Gottschlich von der „Begleitung und Führung der Seele" (Gottschlich 1998, S. 5). Diese findet in einem interaktiven Prozess zwischen Arzt und Patient statt:

> „Der Medizinmann ist ein Seelenarzt [...]. Sein starkes System, das den Zweifel nicht kennt, zerstreut die Angst, stellt das Selbstvertrauen wieder her und flößt Hoffnung ein" (Ackerknecht 1942, S. 514).

Dass Kommunikation ein äußerst großes Heilpotenzial erfahren kann, wurde nicht erst in der modernen Medizin erkannt. Bereits vor 3.000 Jahren, in der griechischen Tempelmedizin, forderte der Halbgott der Heilkunde: „Zuerst heile mit dem Wort, dann mit der Arznei, und zuletzt mit dem Messer" (Egger 2017, S. 192). Auch im Alten Testament im Buch der Weisheit, 16,12, heißt es: „Denn weder Kraut noch Pflaster machte sie gesund, sondern dein Wort, o Herr, das alles heilt" (Arenhoevel et al. 1965, S. 749). Nicht nur das Wort Gottes kann kraftspendende Quelle für die Heilung einer Krankheit sein, sondern auch das Wort eines Arztes. Freud liefert mit seinem Werk „Die Frage der Laienanalyse" einen Beitrag zum Stellenwert von Kommunikation in der medizinischen Behandlung und beschreibt die Interaktion zwischen Arzt und Patient wie folgt: „Es geht nichts anderes zwischen ihnen vor, als daß sie miteinander reden. Der Analytiker verwendet weder Instrumente, nicht einmal zur Untersuchung, noch verschreibt er Medikamente" (Freud 1926, S. 12). Freud äußerte schon Jahrzehnte vor der Enquête: „Wenn es irgend möglich ist, läßt er den Kranken sogar in seiner Umgebung und in seinen Verhältnissen, während er ihn behandelt" (ebd.). Er resümiert: „Worte können unsagbar wohltun und fürchterliche Verletzungen zufügen" (ebd., S. 13). In ihrer Publikation „Kommunikation. Die soziale Matrix der Psychiatrie" bezeichnen Ruesch und Bateson die ärztliche Kommunikation als heilenden Balsam für die Wunden, die „in der Schlacht des Lebens geschlagen werden" (Ruesch/Bateson 1995, S. 109).

Asklepios' Aufforderung an die Ärzte, zuerst mit Worten zu heilen, hat bis heute nicht an Relevanz verloren. Der Heilungsprozess beruht auf wechselseitigem Entgegenkommen, sodass Kommunikation die verbindende Brücke zwischen Arzt und Patient darstellt (vgl. Egger 2017, S. 198). Die vehemente Forderung der Patienten an die Ärzte, stärker auf ihre Sorgen und Wünsche einzugehen, die Erkenntnis der insuffizienten Apparatemedizin sowie die daraus resultierende Abwendung von der Idee des Menschen als instandsetzungsbedürftige Maschine, hin zum Menschen als denkendes, fühlendes und handelndes Wesen, haben letztlich zur (An-)Erkennung der Kommunikation als eines der wichtigsten „Werkzeuge" der medizinischen Behandlung geführt (vgl. ebd., S. 9).

7.2 Begriffliche Annäherung: sprechende Medizin

Inzwischen besitzt die Kommunikation zwischen Arzt und Patient fachdisziplinenübergreifend einen solch hohen Stellenwert, dass auch von der „sprechenden Medizin" die Rede ist. Für den Ausdruck der sprechenden Medizin liegt keine einheitliche Definition vor. Während einige Autoren den Begriff mit der Arzt-Patienten-Kommunikation gleichsetzen (vgl. Egger 2017), verwenden andere den Terminus im Kontext der narrativen Medizin (vgl. Greenhalgh/Hurwitz 2005) oder der Balint-Gruppen (vgl. Frevert 2015). Demnach ergeben sich ebenfalls Parallelen zu Behandlungsformen wie der Psychotherapie (vgl. Balint 1954). Von einigen Autoren wird die sprechende Medizin auch implizit als Gegenpol zur Apparatemedizin angeführt (vgl. Schmacke 1997, S. 97).

Vorab lässt sich festhalten, dass es sich bei dem Frame der sprechenden Medizin um eine Metapher handelt. Wie bereits dargelegt, ist eine Metapher eine Bedeutungsübertragung sprachlicher Konzepte (vgl. Nöth 2000, S. 342). Die Verwendung von Metaphern ist nicht nur für die Sprache der Literatur, sondern auch für die Sprache der Wissenschaft üblich, sodass Sprachbilder in der Medizin beispielsweise im Rahmen der Diagnostik für eine verständliche Erklärung von Krankheitsbildern eingesetzt werden (vgl. ebd., S. 348). Da Metaphern Raum für Interpretation bieten, tragen sie zu positiven und negativen Stigmatisierungen von Krankheiten bei (vgl. Sontag 1989, S. 14, S. 17 f.).

Unter dem humanitären Wandel der „seelenlose[n] Apparatemedizin" (Schmacke 1997, S. 97) konnte sich die sprechende Medizin als fester Ausdruck in der Gesundheitsbranche etablieren. So offensichtlich die Bedeutung der Metapher auf den ersten Blick scheint, so rasch verwässert der mehrdeutige Terminus „Medizin" die begriffliche Klarheit. Einerseits stellt die „Medizin" die Wissenschaft der Prävention, Diagnostik und Behandlung von Krankheiten dar, andererseits ist sie das Therapeutikum zur Behandlung einer Krankheit.

Betrachtet man die Metapher der sprechenden Medizin im ersten Kontext, wird der Medizin als Wissenschaft die menschliche Fähigkeit des Sprechens zugeschrieben. Diesem Verständnis zufolge stellt das Sprechen eine charakterisierende Tätigkeit der Heilkunst dar. Fasst man den Terminus „Medizin" als Therapeutikum auf, ersetzt – um es in Asklepios' Worten zu sagen – Sprache Arznei und Messer. In diesem Fall wird Sprache eine heilsame Wirkung zugesprochen, sie ist das Sinnbild des heilvollen Therapeutikums, das Heilmittel der Heilkunst. Bedenkt man die „sprechende Medizin" in ihrer Umsetzung, wird deutlich, dass die sprechende Medizin als Heilkunst untrennbar mit der sprechenden Medizin als Heilmittel verbunden ist: Wenn die Medizin sprechen kann (sprechende Medizin als Wissenschaft), kann Sprache zur Medizin werden (sprechende Medizin als Therapeutikum). Der monolithische Zusammenhang der sprechenden Medizin als Wissenschaft und Therapeutikum wird auch in Freverts Definition deutlich:

> „Die ‚sprechende Medizin' wird als jener Teil der Medizin bezeichnet, der sich dem Heilen durch die Worte [...] widmet, jener Medizin, die das Ärztliche Gespräch in Diagnostik und Therapie in den Mittelpunkt stellt" (Frevert 2015, S. 81).

7.3 Die sprechende Medizin für das Framing der psychiatrischen Behandlung

Das heilsame Sprechen eines Arztes als die „Begleitung und Führung der Seele" (Gottschlich 1998, S. 5) weist eine äußerst hohe Parallele zur Stärkung der menschlichen Seele durch ärztliche Interventionen – der Psychiatrie – auf. Sie verdeutlicht, dass die sprechende Medizin mehr als nur eine Metapher ist. Die klinische Psychiatrie dürfte sich als sprechende Medizin einerseits dadurch auszeichnen, dass ein Großteil ihrer Maßnahmen auf Grundlage verbaler Kommunikation zwischen Behandeltem und medizinischem Personal erfolgt (sprechende Medizin als Wissenschaft), andererseits dadurch, dass die Sprache der Psychiater heilsam wirken kann und die klinische Psychiatrie wie ein heilsames Medikament „verschrieben" wird (sprechende Medizin als Therapeutikum).

Die Bezeichnung der Psychiatrie als sprechende Medizin sollte mit Obacht erfolgen, da sie die Einrichtung und therapeutische Interventionen mystisch erscheinen lässt. Man könnte annehmen, die Klinik sei ein verwunschener, mysteriöser Ort, Psychiater hätten magische Kräfte. Der Erfolg therapeutischer Maßnahmen ist jedoch das Resultat harter Arbeit, die nicht selten für alle Beteiligten anstrengend, mühsam und gelegentlich auch frustrierend ist. Der Stellenwert verbaler, heilsamer Kommunikation sollte keinesfalls über die Tatsache hinwegtäuschen, dass die

Psychiatrie nach „wissenschaftlichen Standards und medizinischen Leitlinien" (Eder/Schmidt 2019, S. 10) agiert. In diesem Zusammenhang bedarf es einer Entmystifizierung der klinischen Psychiatrie. Sie sollte weder länger Abbild der verwahrenden Irrenanstalt sein, noch sollte der Frame der sprechenden Medizin die Kompetenzen und Anstrengungen des Fachpersonals untergraben und den Eindruck vermitteln, seine Arbeit bestünde lediglich in lapidaren Plaudereien.

Die professionelle Kommunikation in der Psychiatrie kann erheblich zur Vertrauensbildung des Patienten gegenüber der Medizin und des Arztes beitragen (vgl. Erbe 2017, S. 1083). Sie ermöglicht die Etablierung einer partnerschaftlichen Beziehung auf Augenhöhe, den Austausch von Fachwissen des Arztes und Krankheitsvorstellungen des Patienten, die Absprache von Behandlungsmöglichkeiten, die Erarbeitung gemeinsamer Therapieziele und die Linderung bestehender Sorgen und Ängste des Erkrankten.

Im Zuge des kommunikativen Heilungsprozesses sollten Ärzte auf die Befindlichkeiten „ihrer" Patienten eingehen. Dazu gehört auch, Frust, Wut, Ärger, Überforderung oder Hilflosigkeit vermeintlich „schwieriger Patienten" wahrzunehmen und ihnen aktiv zuzuhören (vgl. Bühring 2017, S. 280). Die sprechende Medizin wird dann zur „zuhörenden Medizin" (Frevert 2015, S. 80), die auch nonverbale Äußerungen des Betroffenen beachten sollte: „Sie wirken ängstlich. Was ist mit Ihnen?" (Bühring 2017, S. 280).[12] Nur durch den Einbezug der Realität des Patienten kann eine Basis für den Behandlungserfolg geschaffen und misstrauischen oder besonders informierten Patienten angemessen begegnet werden: „Ich finde es gut, wenn Patienten selbst mitdenken", oder: „Entscheiden werden das immer Sie" (ebd., S. 281). Die Unvereinbarkeit mit der Rolle des „psychisch Kranken" und dem Aufenthalt in einer psychiatrischen Klinik erweist sich im Hinblick auf ärztliche Empfehlungen, beispielsweise für die Einnahme verschriebener Medikamente, teilweise als problematisch. Auch derartige Genesungshindernisse können mittels Kommunikation überwunden werden: „Machen Sie sich Sorgen über Nebenwirkungen?" [...] „Könnte Sie etwas an der Einnahme hindern?" [...] „Ohne Ihre Mithilfe können die Tabletten nicht wirken" (ebd.).

Obgleich sich die Übertragung von Eigenverantwortlichkeit und die Anerkennung errungener Fortschritte wohltuend auf das Seelenleben des Patienten auswirken

---

[12] In diesem Kontext sei kurz angemerkt, dass eine vermeintlich einfühlsame, vorurteilsfreie Frage sicherlich nicht „Was ist mit Ihnen?" lauten dürfte, sondern beispielsweise „Woran liegt das?" oder „Können wir etwas gegen Ihre Angst tun?".

können, sollten auch Psychiater als Kommunikationsmanager beachten, dass die Glaubwürdigkeit ihrer Botschaften erfolgsentscheidend ist. Erhalten Betroffene schon beim geringsten Anlass ein Lob, begleitet von einem aufmunternden Lächeln, bestärkt Kommunikation die Rolle des Erkrankten, entwicklungsgestörten Kindes und Minderbemittelten, und fügt, um es in Freuds Worten zu sagen, schmerzhafte Verletzungen zu (vgl. Prestin/Schulz 2011, S. 94). Schon Paracelsus mahnte den Einsatz inszenierter Arztkommunikation und konstatierte, wie wichtig es ist, dass diese im Einklang mit dem „Arzt-Sein" steht:

> „Was nutzt es euch auch, daß ihr euch befleißigt viel rhetorischen Geschwätzes, das doch keinen Arzt macht, sondern ihn zerbricht. Was sucht ihr in der Logik und in eurer Didaktik, die alle dem Arzt zuwider sind und eine Hinderung des Lichtes der Natur?" (Paracelsus, zit. n. Peuckert 1941, S. 156).

Persönliche Gespräche auf Augenhöhe erweisen sich auf mehrere Weise als therapeutisch nützlich oder heilsam: Kommunikation, die über Krankheit und Behandlungsstrategien hinausgeht und beispielsweise spezifische Lebenserfahrungen von Patienten aufgreift, lässt Ärzte Betroffene „nicht nur als Symptomträger" (Prestin/Schulz 2011, S. 94), sondern auch als Menschen kennenlernen. Das gewonnene Wissen hilft Medizinern, die Beweggründe „ihrer" Patienten nachvollziehen und therapeutische Maßnahmen im Sinne des Erkrankten kommunizieren zu können.

Das „offene Sprechen [der Patienten] über Ängste, Enttäuschungen und Kränkungen" (ebd.) und die Anteilnahme der Psychiater stellen für viele Betroffene eine nicht zu unterschätzende Lebenshilfe dar. Auch „die Erfahrung als Gesprächspartner ernst genommen zu werden" (ebd.) kann auf Erkrankte stark entlastend und selbstwertstärkend wirken.

Damit Kommunikation ihr Heilpotenzial entfalten kann, muss sie auf aufrichtigem, wertschätzendem und gegenseitigem Sprechen und Zuhören beruhen. Nur so kann die Sprechstunde ihrem Namen gerecht werden und verhindern, dass im Sprechzimmer kaum gesprochen wird.

Die Ausführungen veranschaulichen einerseits, dass der Ausdruck der sprechenden Medizin selbst einen Frame darstellt, andererseits, dass Sprache das Psychiatriegeschehen „framt" und Kommunikation Situationen kontextualisiert. Um es auf den Goffman'schen Punkt zu bringen, definiert Sprache Situationen, organisiert die sprechende Medizin die Wahrnehmung des Psychiatriealltags. Einerseits wirkt sich Sprache und Sprachlosigkeit auf Situationen in der Psychiatrie aus, andererseits bedingen Situationen in der psychiatrischen Behandlung den Sprachgebrauch. Die mittels Sprache etablierten Frames konstruieren eine gemeinsame Wirklichkeit der Beteiligten und ermöglichen die Einordnung von Psychiatrieerlebnissen vor dem Hintergrund eines gemeinsamen Sinnhorizontes. Wie Bateson wissen lässt, können Ärzte mittels professioneller Kommunikation die Wahrnehmungsmuster von Patienten modellieren und Klienten dazu anregen, ausschließlich Dingen innerhalb eines bestimmten Deutungsrahmens Beachtung zu schenken. In diesem Fall knüpfen die Frames in den Botschaften des Arztes als Kommunikator an die Frames des Patienten als Rezipient an. Die ärztliche Interpretation der gegebenen Situation ermöglicht die Betrachtung desselben aus einer anderen Perspektive, womöglich einer Gewinnperspektive. Die Auffassung, eine bestmögliche medizinische Behandlung erfahren zu *dürfen,* kann, wie Tversky und Kahneman konstatieren, schließlich Entscheidungen und Verhaltensweisen der Patienten im Organisationssinn bewirken.

8 Geschichtswelten der klinischen Psychiatrie

Die Feststellung, dass der sprechenden Medizin eine rahmende Funktion zukommt, ist eng mit der Hypothese verbunden, dass Geschichten „framen". Denn bei genauerer Betrachtung der kommunizierten Inhalte in der klinischen Psychiatrie ist festzustellen, dass ein nicht unwesentlicher Anteil davon aus Geschichten besteht. Die sprechende Medizin ist somit nicht nur Sinnbild des heilsamen Therapeutikums, sondern darüber hinaus lebendiges Beispiel für das angewandte Storytelling für das Framing der klinischen Psychiatrie.

8.1 Rahmende Geschichten in der klinischen Psychiatrie

Das Storytelling in der Psychiatrie verleiht der stationären Behandlung einen persönlichen und humanen Rahmen. Insbesondere in den ersten Gesprächen zwischen Arzt und Patient dürften Erzählungen des Erkrankten besonders bedeutsam sein. Auch wenn der Patient sein inneres Erleben oft nur „fragmentarisch als sprachlich ausformulierte Geschichte" (Lucius-Hoene et al. 2006, S. 17) wiedergibt, ist sie Ausdruck seiner individuellen Lebenswelt und dessen, was er erlebt und empfindet (vgl. Kalitzkus et al. 2009, S. 63). Indem er sein Kranksein in einen „biographischen und sozialen" (ebd., S. 61) Zusammenhang stellt, gewährt er „Einblick in die ‚Innensicht'" (ebd.) seiner Erkrankung. Darüber hinaus spiegeln Krankheitserzählungen über mangelnde Funktionstüchtigkeiten oder (ver)störende Symptome die substanzielle Bedeutung der seelischen Krankheit wider: das Einbüßen „alltäglicher Selbstverständlichkeiten" (Lucius-Hoene et al. 2006, S. 16), der Wandel zwischenmenschlicher Beziehungen, die Verlagerung des Lebensmittelpunktes sowie die scheinbar unplanbare Zukunft durch die stationäre Therapie. Häufig hat bis zur Aufnahme in die psychiatrische Klinik bereits ein Verarbeitungsprozess aufseiten des Betroffenen stattgefunden, der beispielsweise mit einem veränderten Körpergefühl, der Wahrnehmung Außenstehender einer Normabweichung und der Etikettierung als „krank" beginnt, Selbsthilfeversuche, die Krankheitssymptome zu bewältigen und der Stigmatisierung entgegenzuwirken, folgen lässt, und schließlich zur Konsultation eines Mediziners führen kann (vgl. Kalitzkus et al. 2009, S. 62). Die individuellen Patientengeschichten, die aufgrund der gleichartigen Erlebnisse Stigmatisierter oftmals auch intersubjektiv erzählt werden, zeugen daher von einer „innere[n] Entwicklung trotz oder gerade wegen einer Erkrankung" (ebd., S. 61 f.) und bilden einen Erkenntnisprozess ab (vgl. Lucius-Hoene et al. 2006, S. 15):

"In ihnen versuchen wir zu verstehen, warum und auf welche Weise wir krank sind, suchen nach der biografischen Bedeutung des Leidens und erproben die rechten Mittel seiner Überwindung" (Frank 1991, S. 94 f.).

Als Aneinanderreihung selektiert und salient gemachter Lebensereignisse drückt das Storytelling des Patienten seine subjektive Krankheitstheorie aus, ermöglicht die Anpassung seiner Frames mittels Metakommunikation und die Prognose seiner zukünftigen Handlungen, liefert Hinweise auf Bewältigungsstrategien und wirkt somit unmittelbar therapeutisch (vgl. Kalitzkus et al. 2009, S. 61).

Lässt der Psychiater den Patienten seine Geschichte erzählen, wird dieser nicht als Laie und reparaturbedürftiges Objekt *behandelt*, sondern handelt aktiv aus der Rolle des Experten seiner Krankheit. Auf diese Weise handelt der Mediziner, so paradox es sein mag, durch seine eigene Zurückhaltung oder besser gesagt sein Nichthandeln, stark selbstwertstärkend. Im Verlauf der psychiatrischen Behandlung sollte der Arzt die persönliche Geschichte des Patienten aufgreifen, sie durch „diagnostisch[e] und therapeutisch[e] Vorschläg[e]" (Lucius-Hoene et al. 2006, S. 17) vorantreiben „und ihr durch Heilung oder Linderung zu einer zukunftsfähigen Gestalt oder gar Schließung" (ebd.) verhelfen.

Auch das medizinische Personal erzählt in der Klinik Geschichten. Insbesondere Arztgeschichten sind eng mit medizinischen Rahmungsprozessen und der Vorstellung der sprechenden Medizin verbunden. Der Psychiater Augustin formuliert dies im Sinne der Themengestaltungs- und Thematisierungsfunktion: „*Wie* wir sprechen, *was* wir sagen, das ist elementar" (Generation Psy 2017, Hervorhebung i. O.).

Bezieht der Psychiater eigene Erfahrungen oder empirische Widerle-gungen bestehender Vorurteile von Menschen mit psychischen Erkrankungen in seine Erzählung ein, kann er der Selbststigmatisierung des Patienten entgegenwirken. Auch Informationen über die Prävalenz und Ätiologie eines Krankheitsbildes haben das Potenzial, empfundene Unzulänglichkeiten des Betroffenen zu entkräften und, da Ursachenvorstellungen eng mit den präferierten Behandlungsmethoden des Patienten verknüpft sind, beispielsweise eine einvernehmliche medikamentöse Therapie zu erwirken (vgl. Iselin/Addis 2003, S. 211). Insbesondere Arztgeschichten, die von einem „Happy End" psychiatrischer Interventionen und einem gelungenen Neustart nach Verlassen der Psychiatrie handeln, dürften für das Framing der Psychiatrie sinnstiftend sein und aufseiten des Patienten eine positivere Vorstellung vom Klinikaufenthalt konstruieren. Die Erzählung einer Geschichte von einem ehemaligen Patienten, dem es ähnlich ergangen ist wie dem Betroffenen und der inzwischen ein beschwerdefreies Leben außerhalb der Psychiatrie führt, kann

Bedenken des Erkrankten mildern und ihm Hoffnung schenken. Da eine ausnahmslos erfolgversprechende Story wenig glaubwürdig ist, könnte der Arzt beispielsweise Geschichten von den Eingewöhnungsphasen anderer Patienten erzählen und exemplifizieren, dass die Einweisung in eine psychiatrische Klinik für viele befremdlich und anfängliche Skepsis üblich ist.

8.2 Rahmende Geschichten über die klinische Psychiatrie

Die Erlebnisse eines Patienten in der Klinik lassen eine eigene Geschichte über die Psychiatrie entstehen. Diese Geschichtsart ist auf der Metaebene der Psychiatriegeschichten angesiedelt und vom gesellschaftlichen Kontext abhängig (vgl. Kalitzkus et al. 2009, S. 62). Zwischen den individuellen Arzt- und Patientengeschichten *in* der Psychia-trie und kursierenden Geschichten *über* die Psychiatrie ist eine Querverbindung zu erkennen: Einerseits beeinflussen das öffentliche Storytelling und kollektive Psychiatrie-Frames die Geschichten des Patienten und Arztes, andererseits wirkt sich das Storytelling innerhalb der Klinik auf ihr kulturelles Framing und das öffentliche Sprechen über die sprechende Medizin aus. Individuelle Aussagen von Patienten und Ärzten stellen somit stets gesellschaftliche Äußerungen dar (vgl. ebd., S. 63).

Das Gros der Corporate Storys über die Psychiatrie gefährdet die Legitimation ihres gesellschaftlichen Handelns, verfestigt ihr Stigma und das erkrankter Menschen und schürt Ängste vor der psychiatrischen Behandlung. Da Personen tendenziell dazu neigen, Dinge wahrzunehmen, die ihren Erwartungen entsprechen (confirmation bias), lenkt das öffentliche Storytelling auch die Wahrnehmung des Psychiatriegeschehens stationär Behandelter.

Der schädliche Ruf der Psychiatrie kommt nicht von ungefähr. Jahrhundertelang waren Erkrankte den unheilsamen Behandlungsmethoden der unaufgeklärten Bevölkerung ausgesetzt: In der vorklassischen Periode wurde Menschen mit psychischen Erkrankungen vorgeworfen, sie seien von bösen Geistern besessen, sodass die Behandlung Betroffener überwiegend von Schamanen durchgeführt wurde. Im späten Mittelalter unterstellte man ihnen Hexerei und Teufelsanbetung und versuchte, die ihnen innewohnenden Dämonen durch exorzistische Riten auszutreiben. Erst im 19. Jahrhundert setzte sich allmählich die Idee durch, psychisch kranke Menschen mit Hilfe der medizinischen Wissenschaft zu behandeln. Doch die anvisierte Volksgesundheit und die daraus resultierenden Verbrechen der Nazis bedeuteten erneut einen herben Rückschlag für die Behandlung psychisch kranker Menschen. Verschiedene psychiatriekritische Bewegungen mündeten letztendlich in die Enquête, die psych-iatrischen Kliniken einen menschenunwürdigen Zustand attestierte (vgl. Zäske et al. 2005, S. 58 ff.).

Trotz der Tatsache, dass die klinische Psychiatrie einen bis dato unvergleichbaren Wandel in der Medizin erfahren hat, Behandlungsbedingungen unschätzbar verbessert und die Lebenschancen von Erkrankten beachtlich erhöht wurden, dominiert in der Gesellschaft noch immer die Vorstellung der unheimlichen, gefährlichen Irrenanstalt.

Ein Grund dafür mag in der Mediendarstellung der klinischen Psychiatrie liegen. Im medialen Storytelling werden gezielt Frames für die Wahrnehmung der „Klapse" eingesetzt, die psychische Krankheiten oder die Behandlung in einer Psychiatrie als Problem definieren, zum Teil weithergeholte Ursachen für die Entstehung einer psychischen Krankheit oder die Einweisung in eine Psychiatrie anführen, die Flucht aus der Psychiatrie als Handlungsempfehlung nahelegen und die überragend negative Bewertung vermitteln. Enthüllungsreportagen über erhebliche Missstände in psychiatrischen Kliniken stabilisieren solche Psychiatrie- Frames. In Horrorfilmen sind „Psychokliniken" häufig Tatort grauenvoller Verbrechen, in denen hilflose Menschen, die oftmals gar nicht krank sind, grauenvollen Therapien unterzogen und durch die zwanghafte Einnahme wesensverändernder Medikamente gefügig gemacht werden (vgl. Eder/Schmidt 2019, S. 9 f.).

Noch immer glaubt ein Viertel der deutschen Bevölkerung, dass Patienten eine psychiatrische Fachklinik oder Station nicht verlassen dürfen. Die Hälfte meint zu wissen, der Einsatz von Zwangsjacken stelle eine gängige Behandlungsmethode der klinischen Psychiatrie dar (vgl. Huber et al. 2015). Trotz der Tatsache, dass die Psychiatrie nach medizinischen Leitlinien agiert und ihr Handeln juristisch legitimiert ist, sind Vorurteile wie diese in allen gesellschaftlichen Bereichen zu finden. Konservative, so Charité-Psychiatrie-Direktor Andreas Heinz, stigmatisieren Betroffene häufig noch immer stark, Progressive sehen in der Psychiatrie ein veraltetes, paternalistisches System aus überholten Sitten und Bräuchen (vgl. Eder/Schmidt 2019, S. 10).

Die negative Mediendarstellung und die hartnäckigen Vorurteile gegen die Psychiatrie können darin begründet sein oder dazu führen, dass Patienten, die eine wirksame Behandlung erfahren, nicht von ihrem Therapieerfolg und einem potenziell angenehmen Klinikaufenthalt erzählen. Geschichten über die Psychiatrie dürften somit auch deshalb so einseitig sein, da nur eine geringe Anzahl der Corporate Storys auf eigenen Erfahrungen ihrer Erzähler beruht (vgl. ebd., S. 9 f.).

Auch die sensationsheischende Gesellschaft befeuert die aufsehenerregenden Geschichten über die klinische Psychiatrie. Wie im Zusammenhang der Wirkungsmechanismen von Geschichten angeführt, aktivieren belanglos erscheinende Informationen das limbische System kaum. Spannende Geschichten hingegen reizen es in besonderem Maße, hinterlassen eine tiefe Spur im Gedächtnis ihrer Empfänger und werden lange weitererzählt. Überraschung, Sensationalismus und Schaden sind nicht nur Nachrichtenfaktoren, die gesellschaftlichem Geschehen Relevanz beimessen, sondern auch Kräfte, die wie ein anziehender Magnet auf Attraktionslustige wirken und die kursierenden Geschichten im Alltag schreiben. Dass Menschen seit jeher bevorzugt Unglücksnachrichten über Ereignisse jenseits der eigenen vier Wände austauschen, wusste schon Geschichtenerzähler Goethe (vgl. Finzen 2018, S. 131):

> „Nichts bessres weiß ich mir an Sonn- und Feiertagen
> Als ein Gespräch von Krieg und Kriegsgeschrei,
> Wenn hinten, weit, in der Türkei,
> Die Völker auf einander schlagen.
> Man steht am Fenster, trinkt sein Gläschen aus
> Und sieht den Fluß hinab die bunten Schiffe gleiten;
> Dann kehrt man Abends froh nach Haus,
> Und segnet Fried' und Friedenszeiten.
> Herr Nachbar, ja! so laß ich's auch geschehn,
> Sie mögen sich die Köpfe spalten,
> Mag alles durch einander gehn;
> Doch nur zu Hause bleib's beim Alten"

(Goethe, zit. n. Schöne 2007, S. 50).

Das Stigma der Psychiatrie und die Vorbehalte gegenüber dem Aufenthalt in einer psychiatrischen Klinik ersticken jede Geschichte über die Psychiatrie im Keim, die unter Erkrankten Hoffnung verbreiten, auf Stakeholder vertrauensbildend wirken und organisationale Handlungen legitimieren könnte. Für Andreas Reif, Direktor der Klinik für Psychiatrie, Psychosomatik und Psychotherapie am Universitätsklinikum in Frankfurt, hat dies zur Folge, „dass die Psychiatrie in der Öffentlichkeit als die medizinische Fachdisziplin wahrgenommen wird, die nicht so richtig helfen kann" (Eder/Schmidt 2009, S. 9).

Es ist ein Leichtes, aus dem alltäglichen Psychiatriegeschehen Skandal- und Horrorgeschichten zu stricken (vgl. ebd., S. 10). Zweifelsohne können einzelne Ereignisse in psychiatrischen Kliniken und Stationen auf Außenstehende befremdlich wirken. „In einer Psychiatrie geht es anders zu als auf einer kardiologischen Station. Das bringt die Sache mit sich" (ebd.). Verhaltensweisen von Patienten, die sich dem Verstand Unbeteiligter entziehen mögen, zeugen erst von der Relevanz der Psychiatrie. Situationen, die auf offener Straße kaum vorstellbar, zumindest unüblich wären, im Psychiatriealltag hingegen „der ganz normale Wahnsinn" sind, verdeutlichen, dass die Psychiatrie nicht nur eine sprechende Medizin, die viel redet und abwartet, sondern vor allem harte Arbeit ist. Die Bedeutung der klinischen Psychiatrie für die Gesellschaft ist groß, die Stigmatisierungsproblematik ebenfalls. Umso größer der Handlungsbedarf der Psychiatrie, umso dringender ihr Einwirken auf öffentliche Meinungsbildungsprozesse, umso notwendiger ihr Einsatz von Kommunikationsinstrumenten für die Wahrnehmungssteuerung der Stakeholder.

8.3 Rahmende Geschichten aus der klinischen Psychiatrie

Kommunikation öffnet die Türen der „Geschlossenen". Geschichten wird eine weitreichende Wirkung zugesprochen, sie „framen" Organisationen. Zweifelsohne hat die klinische Psychiatrie spannende Geschichten zu erzählen. Damit liegt eine Maßnahme für die positivere Außenwahrnehmung der Psychiatrie auf der Hand: Mit dem Erzählen ihrer eigenen Geschichte kann sie auf ihr öffentliches Framing einwirken und Vertrauen, Akzeptanz und Handlungsfreiheit erlangen. Die Psychiatrie sollte nicht länger Zuschauer ihrer Geschichtsschreibung sein, sie sollte ihre Geschichte selbst schreiben und das Heilpotenzial von Geschichten für die Behandlung ihres verletzten Images nutzen.

Die Relevanz des Corporate Storytellings für die Psychiatrie eröffnet den Blick auf ihre bisherigen Erzählungen. Dieser wirft zunächst Fragen auf: Haben wir etwas versäumt? Oder widmen wir der Psychiatrie in den Medien zu wenig Aufmerksamkeit? Angesichts der brisanten Thematik dürfte dies unwahrscheinlich sein. Doch worin ist unsere Unfähigkeit, uns an Geschichten aus der Psychiatrie erinnern zu können, begründet? Schließlich ist sie doch die sprechende Medizin! Auch die Recherche nach Geschichten aus psychiatrischen Anstalten und Stationen fällt ernüchternd aus. Es tut sich der Verdacht auf, als praktiziere die Psychiatrie kein Storytelling.

„Qualitative Arbeit allein bildet noch kein Vertrauen. Erst wenn darüber gesprochen wird, bildet sich ein positives Image" (Horst 2006, S. 29). Diese Erkenntnis haben inzwischen auch einige Kliniken gewonnen und sich der strategischen Kommunikation zur Öffentlichkeit gewidmet. Auch wenn noch lange nicht von einem flächendeckenden Einsatz gesprochen werden kann und die Art und der Umfang externer Klinikkommunikation sehr heterogen ist, scheint es, als würde vor allem die Öffentlichkeitsarbeit psychiatrischer Kliniken die Öffentlichkeit nicht erreichen. Öffentlichkeitsarbeit, die das Ziel verfolgt,

> „sachlich, verständlich, aktuell und dialogorientiert über Tatsachen zu informieren, den Informationsaustausch mit allen internen und externen Partnern zu pflegen und Sympathie und Vertrauen bei den Partnern zu gewinnen und zu festigen" (Lisofsky o. J.)

ist stets auch als Anti-Stigma-Arbeit zu verstehen. Doch wen man nicht kennt, dem traut man nicht. Und „wer seine Arbeit nicht offen macht für alle, kommt schnell in den Verdacht, etwas verbergen zu wollen" (Horst 2006, S. 14). Schließlich sagt jemand auch etwas aus, wenn er nichts sagt. Mit der öffentlichen Sprachlosigkeit kommuniziert die Psychiatrie, dass die Belange ihrer Stakeholder für ihr Handeln irrelevant sind und sie nicht auf eine partnerschaftliche Kooperation angewiesen ist.

Die Betrachtung der Internetauftritte psychiatrischer Kliniken scheint geeignet, um einen ersten Eindruck von ihrer externen Kommunikation zu gewinnen. Es bedarf keiner detaillierteren Untersuchung, um festzustellen, dass einige Selbstdarstellungen oder -rahmungen einen relativ hohen Professionalisierungsgrad erreicht haben. Informationen, die aufseiten ihrer Empfänger starke Emotionen entfachen, sind jedoch kaum auffindbar. Ein Großteil der platzierten Inhalte, wie Meldungen über das aktuelle Geschehen, Klinikschwerpunkte oder das Hygienemanagement, wird in Form des informierenden oder erklärenden Kommunikationsmodus vermittelt. Diese Modi sind für das limbische System der Rezipienten wenig reizvoll. Dass Meldungen über das fünfte Jahresfest und die zehnte Personalie nur begrenzt Begeisterung auslösen, dürfte daher wenig verwundern.

Es wäre töricht zu behaupten, die Pflege einer Internetseite stelle einen hinlänglichen Stakeholderdialog dar. Ebenso fahrlässig wäre es, zu unterstellen, dass psychiatrische Kliniken keine anderen Kommunikationskanäle für den Austausch mit ihrer Umwelt nutzen. Insgesamt jedoch, und diese Behauptung scheint gerechtfertigt, ist die emotionale Ansprache der Bezugsgruppen ein äußerst seltenes Anliegen. Es scheint, als würde die Psychiatrie das Potenzial des Stakeholderdialogs nicht erkennen, als würde sie strategische Kommunikationstechniken für die Wahrnehmungssteuerung der Öffentlichkeit nicht nutzbringend einsetzen.

An dieser Stelle ist es unumgänglich, der Frage nachzugehen, welche Geschichten die klinische Psychiatrie über sich erzählen sollte, um ein besseres gesellschaftliches Ansehen zu erfahren, zumindest akzeptiert zu werden, und sich lang bestehender Vorurteile und Lügenmärchen zu entledigen.

9 Die Umdeutung der klinischen Psychiatrie: ein Fazit

Das Erzählen einer Corporate Story ist die Auswahl und Präsentation eines unternehmensrelevanten Sachverhaltes. Die Begrenzung der Geschichte durch einen äußeren Rahmen (Frame) zwingt Kommunikationsverantwortliche zur Auswahl bestimmter Informationen (Frames), die die Psychiatrie in der Organisationsumwelt inszenieren („framen"). Die Bestandteile einer Geschichte stellen somit den Anknüpfungspunkt des Storytellings für das Framing der klinischen Psychiatrie dar.

9.1 Die Bestandteile einer Psychiatriegeschichte: der Versuch eines Entwurfs

In Kapitel 4 wurde beschrieben, dass eine gelungene Geschichte einen Protagonisten, der üblicherweise von anderen Charakteren umgeben ist, einen Handlungsstrang, einen oder mehrere Konflikte sowie eine Hauptbotschaft beinhaltet. Dieses Kapitel versucht in exemplarischer Form grobmaschig[13] darzulegen, wie die klinische Psychiatrie diese Komponenten für die Erzählung ihrer eigenen Geschichte aufbereiten könnte. Da die Konstruktion und Rezeption der Geschichtselemente auf individuellen Kommunikator- und Rezipienten-Frames basieren, können die skizzierten Entwürfe keinerlei Anspruch auf Allgemeingültigkeit oder gar Vollständigkeit erheben.

9.1.1 Die Charaktere

Wie dargelegt, dienen sowohl Lebewesen, wie Einzelpersonen und Gruppen, als auch Organisationen der Identifikation der Rezipienten und Anschlussfähigkeit der Geschichte. Demnach kann die Psychiatrie sowohl ihre Stakeholder(-Gruppen) als auch sich selbst als Organisation und Bezugsobjekt „framen". Insbesondere Geschichten, die Patienten, Ärzte, Pflegekräfte und Angehörige des Erkrankten, als zentrale Charaktere in ihre Geschichten einbeziehen, dürften sich als entstigmatisierend oder heilsam erweisen. Die Patienten begründen die Existenz der Psychiatrie und liefern den Anlass für ihre Handlungen, die von Ärzten und Pflegekräften ausgeführt und vom Verhalten der Angehörigen beeinflusst werden können.

---

[13] Um Redundanzen zu vermeiden, wird an dieser Stelle einmalig darauf hingewiesen, dass die ausgeformten Geschichtsteile als Beispiele zu verstehen sind und aus Sicht der Psychiatrie kreiert werden. Die Tatsache, dass die Erzählung einer Geschichte konstruktivistischen Annahme zufolge auf viablen Wirklichkeitskonstruktionen beruht, legt nahe, dass eine detailliertere Ausführung möglicher Abhandlungen wenig sinnvoll ist.

Der Protagonist einer Geschichte ist auf einen allgemein bekannten Archetypus bezogen. In Anlehnung an Mark und Pearson nimmt der Patient in der Psychiatriegeschichte beispielsweise die Rolle des Gesetzlosen oder Geächteten (Outlaw), Weisen (Sage), Helden (Hero) oder Entdeckers (Explorer) ein und wird durch sein Stigma, sein Experten- oder Heldentum oder seinen Entdeckergeist „geframt" (vgl. Mark/Pearson 2001, S. 13). Während die Rolle des Geächteten aufseiten des Publikums für wenig Verwunderung sorgen sollte, dürfte das heldenhafte Auftreten des Stigmatisierten die Zuhörerschaft veranlassen, etwaige Vorbehalte gegenüber Erkrankten zu revidieren. Die Rolle des Weisen lässt den Patienten als erfahrenen und belesenen Fachmann seines (Er-)Lebens oder gar seiner Krankheit auftreten, wobei das vermeintliche Expertentum des Laien die fachliche Kompetenz des medizinischen Personals nicht konterkarieren sollte. Die Darstellung des Erkrankten als Entdecker der Lösung eines Problems „framt" die Psychiatrie als Strategie für die Bewältigung einer akuten Krankheitsphase.

In vielen Geschichten ist der Protagonist von mehreren Personen umgeben, die die Rollen der Helfer, Gegenspieler und Nutznießer einnehmen.

Für eine positive Wahrnehmung der Psychiatrie ist es sicherlich sinnvoll, dass ihre Geschichte von der hilfreichen Unterstützung des Klinikpersonals erzählt. Die Angehörigen eines Erkrankten stellen aufgrund ihres hohen Einflusspotenzials für den Behandlungsprozess nicht selten Helfer und Gegenspieler zugleich dar. Da psychiatrische Kliniken oftmals im weitesten Sinne auf die Kooperation und Unterstützung der Angehörigen angewiesen sind und es sicherlich nicht in ihrem Interesse liegt, ein weiteres Stigma zu bestärken, ist es ratsam, auch den Angehörigen helfende Hände zuzusprechen. Nichtsdestotrotz kann in der Geschichte auf unterschiedliche Krankheits- und Behandlungsvorstellungen der Parteien und damit verbundene Differenzen hingewiesen und somit aufseiten der Angehörigen ein Bewusstsein für ihre Maßgeblichkeit geschaffen werden. Die Vermutung liegt nahe, dass Medien, welche die „abnormalen" Verhaltensweisen von psychisch kranken Menschen für die Unterhaltung ihres sensationslüsternen Publikums skandalisieren, Nutznießer der Psychiatrie sind. Inszenieren Medien psychiatrische Kliniken nicht als Setting und psychische Krankheiten nicht als Auslöser grauenvoller Verbrechen, kann sich ihr Storytelling ebenfalls als unterstützend oder gar heilsam erweisen.

Steht der Arzt im Fokus der Psychiatriegeschichte, nimmt dieser beispielsweise die Rolle des Forschers (Explorer), Betreuers (Caregiver) oder Weisen (Sage) ein. In Bezug auf die von Mark und Pearson aufgeführten Archetypen ist es ebenfalls denkbar, dem Mediziner die Rolle des Herrschers (Ruler) und Magiers (Magician) zuzuschreiben (vgl. Mark/Pearson 2001, S. 13). Da in der Bevölkerung noch immer die Vorstellung des paternalistischen Psychiatriesystems besteht, empfiehlt es sich für Kliniken, die führende Position des medizinischen Personals möglichst wenig zum Ausdruck zu bringen und den Psychiater zwar als Experten und Wegweiser, jedoch nicht als Befehlshaber auftreten zu lassen. Der Mythos um die sprechende Medizin dürfte dem Arzt die Rolle des Zauberers zukommen lassen und sollte mit der Schilderung, dass die psychiatrische Behandlung harte Arbeit ist, die nicht auf Magie beruht, einhergehen. Auf diese Weise kann die Psychiatriegeschichte die Empathie und fachliche Kompetenz des Mediziners aufzeigen, sein Handeln legitimieren und die Relevanz dessen verdeutlichen.

Gewiss wird auch der Psychiater am Erreichen seines Ziels, das Leid psychisch kranker Menschen zu lindern, von Helfern unterstützt und von Widersachern gehindert. Ein hohes Einflussvermögen dürfte beispielsweise Kommunen und Gerichten, Einweisern, Angehörigen und Medien zugesprochen werden können, sodass die Corporate Story vom Stellenwert der Stakeholderkooperation erzählen sollte. Medienverantwortlichen ist vermutlich bewusst, dass sich die Stigmatisierung der Psychiatrie aus ihrer Berichterstattung nährt. Um ihren objektiven Aufklärungsauftrag hinreichend zu erfüllen, würden Redakteure eine erfolgversprechende Story aus der Psychiatrie voraussichtlich auch dann veröffentlichen, wenn diese die mediale Stigmatisierung problematisiert.

Eine besondere Wirkung dürfte jene Geschichte entfalten, die nicht den Arzt, sondern die Pfleger als Helden der Psychiatrie auftreten lässt. Denn nicht nur die Patienten müssen gepflegt werden, auch das Pflegepersonal. Insbesondere Pflege*kräften* scheint eine hohe Kraft für die Versorgung von Menschen mit psychischen Erkrankungen zuzukommen, da sie oftmals sehr anstrengende Arbeiten verrichten, durch den starken Kontakt zu Betroffenen eine äußerst hohe Gesamtbelastung und im Vergleich zu Ärzten häufig eine sehr viel geringere Wertschätzung erfahren.

Stellen psychiatrische Kliniken die Angehörigen der Patienten in den Wahrnehmungsmittelpunkt ihrer Geschichten, können sie deren Leistungen anerkennen und ihnen ihren Respekt aussprechen. Durch den Bezug auf einen Archetypus rahmt die Psychiatrie diese Personengruppe beispielsweise als Betreuer (Caregiver), Liebende (Lover) oder Weise (Sage) und fördert womöglich die Kooperationsbereitschaft von Angehörigen, die sich nicht wahr- oder ernstgenommen fühlen (vgl. Mark/Pearson 2001, S. 13). Potenzieller Helfer der Angehörigen sind neben dem medizinischen Personal beispielsweise Angehörigenselbsthilfegruppen,

Einweiser oder ambulante und komplementäre Dienste, die die Behandlung nach Verlassen der Psychiatrie gewährleisten.

In Kapitel 4 wurde geschildert, dass der Protagonist den Rezipienten hinsichtlich deren Situation, Träume oder Ziele ähneln sollte. Patienten und ihre Angehörigen teilen vermutlich den Wunsch nach der Bewältigung einer akuten Krankheitsphase und einem möglichst beschwerdefreien Leben, das Streben nach Gesundheit und möglicherweise Bedenken gegen die psychiatrische Behandlung. Die Leser oder Zuhörer einer Geschichte dürften diese Bedürfnisse und Anliegen nachvollziehen, somit dem Geschehen der Geschichte folgen können und sich an der Lösung des Konfliktes bzw. dem Heilungsprozess des Erkrankten beteiligen und seine „zweite Krankheit" (Finzen 2000) durch entstigmatisierende Handlungen „heilen" wollen.

Auch Ärzte und Pflegekräfte sollten eine Identifikationsgrundlage für die Empfänger der Geschichte darstellen. Folgen sie der Empfehlung „Erzählen Sie so, dass man spürt, wie wichtig Ihnen ihr Beruf ist" (Frenzel et al. 2006, S. 62), berichten sie von ihren aufopferungsvollen und unermüdlichen Anstrengungen, um das Wohlbefinden der Patienten zu steigern und bilden auf diese Weise Vertrauen.

Wie erläutert, vertreten einige Autoren die Auffassung, dass die Charaktere im Handlungsverlauf eine Wesensveränderung erfahren. Eine Psychiatriegeschichte als Abbild des Genesungsprozesses des Erkrankten zeugt vor allem von einem Wandel des Patienten. Ebenso kann sie von der zunehmend gelingenden Situationsbewältigung und sinkenden Überforderung der Angehörigen erzählen. Da die Interventionen des ärztlichen Personals auf routinierten Abläufen, medizinischen Richtlinien und juristischen Gesetzmäßigkeiten beruhen, ist ein verändertes Wesen oder Verhalten dieser Personen weniger zu erwarten. Vorstellbar ist die Entwicklung einer persönlichen Beziehung zu Patienten und Angehörigen im Laufe der Behandlung.

9.1.2 Die Handlung

Das Drei-Akt-Modell und die Heldenreise stellen zwei gängige Plot-Muster dar. Für die Gestaltung einer Geschichte werden häufig beide Strategien parallel verwendet.

Dem Drei-Akt-Modell zufolge besteht eine Geschichte aus drei Teilen. Eine Corporate Story aus der klinischen Psychiatrie könnte demnach von der Einweisung, dem Aufenthalt und der Entlassung eines erkrankten Menschen handeln. Eine weitere Option, eine Psychiatriegeschichte auf Grundlage des Drei-Akt-Modells zu errichten, besteht in der Beschreibung des Tagesablaufes in einer psychiatrischen Klinik.

Mit der Schilderung des Psychiatriegeschehens am Morgen, Mittag und Abend können Kommunikationsverantwortliche Möglichkeiten der Freizeitgestaltung aufzeigen und der Annahme, dass der Alltag in der Psychiatrie nicht durchaus abwechslungsreich sein kann, entgegentreten. Denkbar wäre ebenfalls, eine solche Dreiteilung auf verschiedene Geisteszustände eines Patienten zu beziehen. Thematisieren Kommunikationsmanager das Erleben und Verhalten eines schizophrenen Patienten vor, während und nach einer manischen Phase, räumen sie mit dem Vorurteil auf, dass psychisch kranke Menschen immerwährend unberechenbar oder aggressiv sind. Der enge Zusammenhang der Plot-Muster ist beispielsweise daran erkennbar, dass die Aufnahme, Behandlung und Entlassung eines Patienten die Reise eines Helden darstellen. Es sollte sich ebenfalls als sinnvoll erweisen, mit der Psychiatriegeschichte die Reise des Erkrankten vom Erstkontakt zum Hausarzt bis zur Aufnahme in die Klinik abzubilden. Durch die lebhafte Darstellung üblicher Prozedere in unterschiedlichen Einrichtungen kann die Klinik anschaulich über das komplexe Versorgungssystem informieren und sich als die sprechende Medizin positionieren, die dem Betroffenen auf den letzten Metern im Psychiatriedschungel für die Behandlung seiner Krankheit verschrieben wird.

Wie in Kapitel 4 geschildert, mag der Held vor Antritt seiner Reise Zweifel verspüren und zwischen Abenteuer- und Alltagswelt hin- und hergerissen sein. Dies dürfte ebenfalls auf einen Großteil der Patienten zutreffen, die nur mit großer Überwindung den Schritt in das unbekannte Land, die Psychiatrie, wagen. Auf seiner Reise hat der Patient immer wieder mit Rückschlägen zu kämpfen, muss lernen, mit seiner Krankheit und der Rolle des „psychisch Kranken" umzugehen, möglicherweise akzeptieren, dass seine Erkrankung nicht heilbar ist, und den Weisungen des ärztlichen Personals Folge leisten. Je nach Fokus der Unternehmensgeschichte kann sie gewiss ebenfalls die Reise eines anderen Stakeholders, der am psychiatrischen Behandlungsprozess beteiligt ist, aufzeigen. Auch für den Psychiater ist der Heilungsprozess oftmals ein mühsamer Weg, auf dem er mit Niederlagen und Widerstand verschiedener Parteien rechnen muss. Aufgrund seiner Berufung zögert er jedoch nicht, die Reise anzutreten und sich sämtlichen Herausforderungen, die den Genesungsprozess des Betroffenen gefährden könnten, zu stellen.

Nach einem langen Weg erreicht der Protagonist sein Ziel und gewinnt in einem finalen Kampf den Preis für sein Durchhaltevermögen. Als wesentliches Ziel der psychiatrischen Behandlung besteht dieser zum Beispiel in der Bewältigung einer Krankheitsphase und einem beschwerdefreien Leben nach Verlassen der Klinik. Das heilende Elixier aus der Abenteuerwelt kann ebenfalls eine wertvolle

Erfahrung der Parteien oder die Erkenntnis des Betroffenen sein, dass der Aufenthalt in einer psychiatrischen Klinik angenehm und seine Erkrankung mit professioneller Unterstützung gut behandelbar ist.

9.1.3 Der Konflikt

Als „Motor" der Psychiatriegeschichte aktiviert der Konflikt die Handlung in besonderem Maße. Fokussiert das Kommunikationsmanagement das Erleben des Patienten, dürfte dessen Erkrankung und das damit verbundene Stigma das wesentliche Spannungsmoment der Psychiatriegeschichte sein. Dies ist wiederum mit weiteren Konflikten verbunden, wie der Unvereinbarkeit mit seiner Rolle des „psychisch Kranken", seiner empfundenen Unzulänglichkeit, die an ihn herangetragenen Erwartungen zu erfüllen, oder der Diskrepanz zwischen seinen Krankheitsvorstellungen und dem Fachwissen des Arztes. Der verspürte Mangel des Patienten besteht in einem gesundheitlichen Defizit, damit verbundenen Funktionsuntüchtigkeiten und Einbußen, die aus der Stigmatisierung hervorgehen, wie dem Mangel an Sozialkontakten, beruflichen Chancen oder Anerkennung. Die innere oder äußere Krise, in die der Konflikt bzw. die Erkrankung führt, ist beispielsweise die manische Phase eines schizophrenen Patienten oder, wenn der Konflikt einen Streit darstellt, die Auseinandersetzung mit ärztlichem Personal oder Angehörigen. Auch in diesem Kontext empfiehlt es sich für Kommunikationsverantwortliche zu beachten, dass der thematisierte Konflikt der Außenwahrnehmung der Psychiatrie nicht zusätzlich schaden sollte und sowohl interindividuelle als auch intraindividuelle Konflikte zwar offen thematisiert, vorherrschende Vorurteile jedoch nicht bestätigt werden sollten.

Der durch den Konflikt ausgelöste Wandel im Leben des Individuums und in der Gesellschaft ist etwa der durch die Erkrankung ausgelöste Stigmatisierungsprozess. Da das Stigma des Patienten einen negativen Frame darstellt, sollte die Psychiatrie von einem positiven Wendepunkt im Leben des Betroffenen berichten und beispielsweise die Aufnahme in die Klinik als Ausgangspunkt seiner zunehmenden Gesundheit und steigenden Handlungsfähigkeit rahmen.

Die Angehörigen des Patienten sind ebenfalls von einem Konflikt betroffen. Aus der Erkrankung des Familienmitglieds als übergeordnetem Konflikt ergeben sich auch für sie weitere Schwierigkeiten: die Überforderung und empfundene Ohnmacht,

Schuldgefühle und Selbstvorwürfe, Scham und Angst vor Vorurteilen sowie das Stigma oder der Frame, „Angehöriger"[14] zu sein.

Der Arzt sieht sich in der Psychiatriegeschichte unter anderem mit der mangelnden Kooperationsbereitschaft verschiedener Stakeholder konfrontiert. Ärzte und Pflegekräfte müssen eine hohe seelische Widerstandskraft entwickeln und den Belastungen des Arbeitsalltags standhalten. Im Psychiatriealltag ist der Mediziner Träger folgenreicher Entscheidungen, die unter Begutachtung verschiedener Anspruchsgruppen zu treffen sind. Auch der Versuch, mit möglichst niedrigschwelliger Kommunikation das Vertrauen des Patienten zu gewinnen und zugleich professionelle Distanz zu wahren, kann sich für das medizinische Personal als Gratwanderung herausstellen. So resümiert Goffman in seiner „Asyle": „Der Psychiater selbst hat keine leichte Rolle" (Goffman 1972, S. 365).

9.1.4 Die Botschaft

Jede Geschichte enthält eine Botschaft. Die Hauptbotschaft einer Story, die sogenannte Core-Story, entsteht aus der Essenz bzw. Persönlichkeit einer Institution. Die Historie der Psychiatrie ist ihr „innerer Kern" und macht sie zu dem, was sie heute ist. Bis zum Ausbau der Leitidee, Menschen mit psychischen Erkrankungen eine wissenschaftlich-medizinische Behandlung zukommen zu lassen, offenbart die Vergangenheit der Psychiatrie einen äußerst unliebsamen Umgang mit seelisch Erkrankten. Die Enquête ist Abbild der Vision, Erkrankte durch eine professionelle Versorgung „heilen" und ihre Lebenschancen durch einen menschlichen Umgang erhöhen zu wollen.

Die Core-Story vermittelt ein Belohnungsversprechen, Erfolgsfaktoren und eine eingenommene Haltung. Wie geschildert, drückt Ersteres aus, welche Erwartungen Stakeholder an das Unternehmen stellen können, wie es ihnen bei Inanspruchnahme der Leistungen ergehen wird und wie sie dabei auf andere wirken werden. Die klinische Psychiatrie dürfte ihre Umwelt mit dem Versprechen belohnen wollen, dass Erkrankte durch professionelle Therapien eine Verbesserung ihres Gesundheitszustandes erfahren, sie sich nach erfolgter Behandlung besser fühlen, ein beschwerdefreieres Leben führen und geringere Schwierigkeiten in sozialen

---

[14] Die Verwendung des Begriffs der „Angehörigen" wirft die Frage auf, wer eigentlich „Angehörige" sind. In Anbetracht der Häufigkeit psychischer Störungen und Erkrankungen ist anzunehmen, dass jeder im Laufe seines Lebens in irgendeiner Form einmal „Angehöriger" ist (vgl. Scherer/Lampert 2017, S. 7).

Interaktionen verspüren werden. Das Fachwissen, die langjährige Erfahrung und die Empathie des Klinikpersonals, die erfolgreiche Kooperation zu Stakeholdern, aber auch die Vergegenwärtigung der organisationseigenen Vergangenheit und das Bewusstsein, dass sich der menschenunwürdige Umgang mit psychisch kranken Menschen nicht wiederholen darf, stellen die Erfüllung dieses Versprechens sicher. Durch die Erzählung einer Geschichte kommuniziert die Psychiatrie beispielsweise aus der Rolle des belesenen Fachmanns, behütenden Elternteils oder fürsorglichen Freundes.

Mit einer eingängigen Hauptbotschaft und stringenten Nebenbotschaften ist die klinische Psychiatrie imstande, ihren gesellschaftlichen Stellenwert aufzuzeigen. Eine übergeordnete Botschaft könnte lauten, dass die Psychiatrie in der Gesellschaft dringend gebraucht wird. Sie unternimmt sämtliche Anstrengungen, um den Heilungsprozess Erkrankter voranzutreiben und deren Krankheitsphasen bestmöglich zu überwinden. Das Klinikpersonal richtet seine Interventionen auf das Wohl der Patienten aus und agiert dabei nach juristisch legitimierten Vorschriften. Der Aufenthalt in einer psychiatrischen Klinik kann durchaus angenehm sein, so angenehm, dass selbst gesunde Menschen ihr Leben in der Psychiatrie verbringen möchten (vgl. Eder/Schmidt 2019, S. 10). Eine professionelle Behandlung in einer psychiatrischen Klinik oder Station erfahren zu dürfen, ist ein Privileg, das nicht allen Erkrankten zukommt.

Die Liste von Botschaften aus der Psychiatrie ließe sich unerschöpflich fortführen. Die Intention der Ausführungen dürfte jedoch deutlich geworden sein: Obgleich Kommunikationsverantwortliche einen gewissen Spielraum für die Interpretation ihrer Geschichte bieten und Botschaften meist implizit vermittelt werden, sind ihre Corporate Messages unmissverständlich zu verstehen. Mit dem Erzählen einer Geschichte kann die Psychiatrie eine Botschaft verkünden, die in den Erzählungen *über* die Psychiatrie noch lange nachhallt. Somit lässt das Sprechen der sprechenden Medizin auch die Stakeholder eine andere Sprache sprechen.

Neben diesen vier Bestandteilen ist die Authentizität und Glaubwürdigkeit einer Geschichte ausschlaggebend für ihren Erfolg. Damit die Corporate Story handlungsauslösend wirkt, sollte sie auf realen Geschehnissen beruhen. Es empfiehlt sich für die Psychiatrie, organisationale Schwierigkeiten offenzulegen und etwa eine gewisse Aggressionsproblematik nicht zu verharmlosen. Gleichzeitig gilt es jedoch zu beachten, dass der Grat zwischen der möglichst realitätsgetreuen Abbildung des Psychiatriegeschehens zur Bekräftigung bestehender Vorurteile, Förderung der Stigmatisierung und Stabilisierung negativer Frames äußerst schmal ist.

Ratsam ist ebenfalls, die Psychiatriegeschichte unter anderem von Angehörigen oder Journalisten erzählen zu lassen. Wenngleich die Distanz der Stakeholder zur Psychiatrie mit der Glaubwürdigkeit ihrer Geschichte korrelieren dürfte, sollte auch die Erzählung eines Außenstehenden auf eigenen Erfahrungen beruhen. Gewiss können interne Stakeholder ebenso Storytelling im Sinne der Psychiatrie betreiben. Werden Ärzte oder Pflegekräfte zum Erzählen reeller Erlebnisse aufgefordert und ihre Geschichten dokumentiert, können bislang unerkannte Einstellungen und Erfahrungen als Bestandteil des kollektiven Psychiatriegedächtnisses erfasst werden und als Ausgangspunkt im Findungsprozess der Core-Story dienen (vgl. Krüger 2015, S. 197).

9.2 Reframing

Das Storytelling *in* und die Entwürfe für Geschichten *aus* der Psychiatrie veranschaulichen, dass (Ärzte als) Kommunikationsmanager mit Erzählungen an tradierte Wahrnehmungsmuster anknüpfen und diese durch alternative Interpretationsangebote modellieren können. Geschichten verantworten somit nicht nur die Deutung von Organisationen, sondern auch ihre Umdeutung. Es lässt sich schließlich eine vierte Aussage über den Zusammenhang der Kommunikationsinstrumente treffen: *Geschichten „reframen" Organisationen.*

Ein grundlegendes Axiom der allgemeinen Kommunikationstheorie besagt, dass ein Signal nur in seinem jeweiligen Kontext eine Bedeutung hat (vgl. Bandler/Grinder 1992, S. 14):

> „Reframing heißt: ‚Sie können es so oder so betrachten. Die Bedeutung, die Sie jetzt zumessen, ist nicht die ‚wahre' Bedeutung. *Alle* diese Bedeutungen sind wohlgeformt innerhalb Ihres Verständnisses der Welt'" (ebd., S. 56, Hervorhebung i. O.).

Der Wechsel des Kontextes hat somit eine veränderte Bedeutung zur Folge, die sich wiederum auf Reaktionen und Verhaltensweisen auswirkt (vgl. ebd., S. 13). Demnach werden auch negative Gegebenheiten, wie psychische Erkrankungen, erst durch die ihnen zugeschriebenen Bedeutungen zu solchen. Dies soll schon Epiktet erkannt haben: „Es sind nicht die Dinge, die uns beunruhigen, sondern die Bedeutungen, die wir ihnen geben" (Epiktet).

Viele Fabeln und Märchen erzählen von Eigenschaften oder Verhaltensweisen ihrer Archetypen, die durch einen gewechselten Kontext bzw. Rahmen eine andere Bedeutung erfahren: Das hässliche Entlein entpuppt sich als Schwan, der viel schöner ist als die Enten, mit denen es sich verglichen hatte. Rudolfs lustige rote Nase erweist sich als nützlich, „um Niklas' Schlitten durch die nebelige Nacht zu führen" (Bandler/Grinder 1992, S. 14).

Wie die vorherigen Kapitel gezeigt haben, „reframen" Erzähler vermeintliche Makel nicht nur in fiktiven Geschichten. Auch mit „realen" Geschichten *in* und *aus* der Psychiatrie können Kommunikatoren Protagonisten und Ereignisse, die „aus dem Rahmen fallen", in einen anderen Rahmen setzen, sodass diese in den gesellschaftlichen Rahmen passen und damit die Geschichten *über* die Psychiatrie „reframen". Auf diese Weise lässt das Storytelling auch die problembehaftete Psychiatrie und „ihre" geächteten Patienten vom hässlichen Entlein zum Schwan werden. Die skizzierten Elemente für eine Geschichte aus der Psychiatrie haben ein mögliches Reframing bereits angedeutet:

- Die Psychiatrie wird vom „notwendigen Übel" zum „Retter in der Not",

  von der paternalistischen Anstalt zur Begegnungsstätte,

  von der seelenlosen Apparatemedizin zur sprechenden Medizin,

  von der sprechenden Medizin zur harten Arbeit,

- die psychiatrische Behandlung von der Pflicht zum Recht,
- Ärzte von erbarmungslosen Sadisten zu empathischen Heilern,

  von Zauberern zu Professionellen,

  von Halbgöttern in Weiß zu Menschen,

- Patienten von hilflosen Opfern zu mutigen Helden,

  von haftbaren Straftätern zu unschuldig(-en) Erkrankten,

  von Entmündigten zu Entscheidungsträgern,

  von Aussätzigen zu Mitmenschen,

- Angehörige von Leidverursachenden zu Mitleidenden,
- Psychopharmaka vom lähmenden Gift zum heilenden Therapeutikum,
- therapeutische Interventionen von willkürlichen Experimenten zu juristisch legitimierten Heilprozeduren.

Therapeutischen Interventionen kommt hinsichtlich des Reframings eine doppelte Bedeutung zu: Einerseits sind sie möglicher Bestandteil des Storytellings für das Reframing der Psychiatrie, andererseits sind sie im Sinne von Therapeutenäußerungen Gegenstand des Reframings als zentrale Methode systemischer Therapieverfahren. Während der strategische Einsatz (um-)rahmender Geschichten aus der

Psychiatrie ein äußerst seltener Vorgang zu sein scheint, ist die Strategie der Umdeutung im therapeutischen Zusammenhang weit verbreitet (vgl. ebd.). Der Ansatz des Reframings in der Psychotherapie geht unter anderem auf die inzwischen wohlbekannten Ideen Batesons zurück, der die hierarchische Struktur von Frames aufzeigt und zu verstehen gibt, dass Dinge bzw. Verhaltensweisen erst vor ihrem jeweiligen Hintergrund erkennbar werden und erfolgreiche Psychotherapie in der Anpassung der Wahrnehmungsmuster des Patienten besteht. Die Sprache des Therapeuten oder Psychiaters kann den Klienten dazu anregen, „die Dinge anders zu betrachten", ihnen auf Grundlage des gewechselten Kontextes eine andere Bedeutung zuzuschreiben und einen Sinn der Ereignisse zu erfahren (vgl. ebd.). Somit ebnet das Reframing „neue Wege zur Problemlösung oder Verhaltensänderung" (Greve 2013, S. 101). Einige Prämissen des systemischen Modells lassen die Grundgedanken des Reframings erkennen:

- „Jedes Verhalten macht Sinn, wenn man den Kontext kennt.
- Es gibt keine vom Kontext losgelösten Eigenschaften einer Person.
- Jedes Verhalten hat eine sinnvolle Bedeutung für die Kohärenz des Gesamtsystems.
- Es gibt nur Fähigkeiten. Probleme ergeben sich manchmal daraus, daß Kontext und Fähigkeit nicht optimal zueinander passen.
- Jeder scheinbare Nachteil in einem Teil des Systems zeigt sich an anderer Stelle als möglicher Vorteil" (von Schlippe/Schweitzer 2007, S. 179).

Diese Grundannahmen sind Abbild des Reframings durch Storytelling *in* der Psychiatrie und führen uns zur sprechenden Medizin und den Arztgeschichten zurück. Wie die vorherigen Kapitel gezeigt haben dürften, können auch Ärzte und Pflegekräfte in der Psychiatrie Geschichten für die kommunikative Konstruktion von Wirklichkeit und die Umdeutung schwieriger Situationen, Einstellungen oder Verhaltensweisen nutzen. Bandlers und Grinders Beschreibung von Vorgängen in der Satir'schen Familienrekonstruktion lassen sich sowohl unmittelbar auf die Wahrnehmungssteuerung von Patienten bzw. das Storytelling *in* der Psychiatrie als auch auf die Wahrnehmungssteuerung der Öffentlichkeit bzw. das Storytelling *aus* der Psychiatrie beziehen:

> „Im Verlaufe des Prozesses lernt der Protagonist, das Verhalten der betreffenden Bezugsperson innerhalb eines Rahmens wahrzunehmen, der durch die neu wahrgenommene positive Absicht [...] gegeben ist" (Bandler/Grinder 1992, S. 10).

Auf diese Weise können Ärzte beispielsweise den Klinikaufenthalt, ein Krankheitsbild oder therapeutische Maßnahmen „reframen" (vgl. Goffman 1972, S. 366). Darüber hinaus sind Psychiater durch das professionelle Sprechen imstande, ein etwaiges Problemverhalten des Patienten als Fähigkeit umzudeuten und ihm dadurch zu einer „adäquateren Erfassung seiner gegenwärtigen Person" (Bandler/Grinder 1992, S. 8) zu verhelfen:

- „Eins muss Ihnen der Neid lassen, Sie können sehr unterhaltsam sein"
- Oder: „Sie können gut auf sich aufmerksam machen"
- Oder: „Sie wissen wirklich viel"
- Oder: „Sie können sehr schnell auf andere reagieren" (Szepansky 2017, S. 95).

Sicherlich können Ärzte Stigmatisierten anhand der Modulation von Frames ein positives Etikett verleihen (vgl. ebd., S. 95). Psychiatriekritiker Goffman sieht in der Situationstransformation „In-anderen-Zusammenhang-Stellen" (Goffman 1977, S. 60) jedoch zusätzliche Freiheitsgrade ärztlichen Handelns und bezeichnet die psychiatrischen Inszenierungen problematischer Gegebenheiten als „Musterbeispiele paternalistischer Täuschung" (ebd., S. 117).

Zudem gilt es zu beachten, dass die Wirkung des Reframings innerhalb der Psychiatrie nicht für alle Parteien gleich heilsam ist: Studien haben gezeigt, dass die durchschnittliche Verweildauer stationär Behandelter durch Reframing-Methoden um durchschnittlich mehr als einen Tag reduziert werden konnte. Die schnellere Erholung der Erkrankten führt jedoch zu einer geringeren Bettenbelegung und bringt die Klinik an die Grenze ihrer Wirtschaftlichkeit (vgl. Bandler/Grinder 1992, S. 172). Somit entpuppt sich die Strategie für die „Heilung" des Patienten als „Krankheit" für die Psychiatrie. Soll Reframing im gesamten Krankenhaussystem eine heilsame Wirkung entfalten, müssen die Bedürfnisse aller Organisationsmitglieder berücksichtigt werden (vgl. ebd.).

10 Kritische Reflexion

Zweifelsohne muss diese kursorische Abhandlung eine große Lücke hinterlassen. Sie entsteht unter anderem aus dem Ausschluss sämtlicher Hintergrundthemen, wie des kommunikativen Konstruktivismus, des Problems der Wahrheitsfrage und der Bibel als womöglich wirksamstes Storytelling der Menschheitsgeschichte. Zudem ist im Rahmen der Arbeit weder eine erschöpfende Darlegung ihrer Kernthemen noch zumindest eine komprimierte Darstellung der Kommunikationsinstrumente gelungen. Darüber hinaus hat die Verschiedenartigkeit der Untersuchungsgegenstände zu einem wahrnehmbaren Kontrast der Kapitel geführt. Wenngleich die Überwindungsversuche der inhaltlichen Heterogenität die Kausalität der bislang unverbundenen Themenblöcke bezeugen, ist die verbliebene Kluft auch Abbild des ungelösten Forschungsdesiderats.

Wer (eine) Geschichte schreiben möchte, sollte wissen, wann eine Erzählung eine Geschichte ist. Die im ersten Moment simpel erscheinende Frage erweist sich im zweiten Moment als komplexe und viel diskutierte Thematik. Einigkeit scheint allenfalls darüber zu bestehen, dass man sich nicht einig ist. Während einige Autoren ganz auf eine Definition verzichten, womöglich gerade weil der Begriff der Geschichte so geläufig ist, weisen andere auf die Bestandteile einer Erzählung hin, wieder andere meinen Geschichten anhand ihres ausgelösten Effekts erkennen zu können. Die Ungenauigkeit des Begriffs führt schließlich dazu, dass auch nach intensiver Auseinandersetzung mit der Frage, wann veröffentlicher Content der Unternehmenskommunikation als Geschichte zu verstehen bzw. was *genau* Storytelling ist, zumindest auf allgemeingültiger Ebene, unbeantwortet bleibt. Es lässt sich somit festhalten, dass die Verwendung des Begriffs „Storytelling" kein „Allheilmittel" ist. Sicherlich kann man sich des Ausdrucks unschwer bedienen, seine genauere Betrachtung führt jedoch zu dem Resultat, dass es sich lediglich um den Versuch handelt, eine seit Urzeiten ausgeübte, natürliche Handlung unternehmerisch handhab- und verkaufbar zu machen.

Gewiss nimmt die begriffliche Unzulänglichkeit des Storytellings Geschichten keineswegs ihre äußerst starke Wirkung. Diese im organisa-tionalen Kontext nicht nutzbringend einzusetzen, wäre der Vernunft ebenso missachtend.

Die begriffliche Heterogenität bezieht sich nicht nur auf „das" Storytelling, sondern auch auf „die" Psychiatrie. Im Zusammenhang des Begriffs „Psychiatrie" stehen unterschiedliche Themengebiete wie Institutionen, Fachgebiete und Berufsrichtungen, was die Schlussfolgerung erlaubt, dass weder „das" Storytelling noch „die"

Psychiatrie als Organisation existiert. Sicherlich verhalf das Fokussieren der klinischen Behandlung zur Komplexitätsreduktion des Psychiatriesystems, eine Fassbarkeit „der" Psychiatrie ist mit dieser Begrenzung jedoch nicht gewonnen. Das Kommunikationsmanagement reibt sich am heutigen Psychiatriesystem (vgl. Finzen 2014, S. 7). Im Zuge der strategischen Kommunikation stellt sich die Frage, wie „die" Psychiatrie von der Öffentlichkeit wahrgenommen werden möchte und was die hohe Ausdifferenzierung der Disziplin für ihr Bild in der Öffentlichkeit bedeutet (vgl. ebd.). Kommunikationsverantwortliche sollten überlegen, wie sie ein homogenes Bild der heterogenen Versorgungslandschaft zeichnen können. Sie müssen sowohl pauschalisieren als auch differenzieren. Die häufige Gleichsetzung der klinischen und forensischen Psychiatrie zeugt von dieser Notwendigkeit. Eine Unterscheidung verschiedener Patienten vorzunehmen, ohne dabei einzelne Gruppen zu stigmatisieren und zugleich eine konsistente Vorstellung über „die" Psychiatrie zu konstruieren, dürfte schwer werden (vgl. ebd., S. 9). Ebenso lässt sich festhalten, dass der Frame der sprechenden Medizin die Rätselhaftigkeit um die Psychiatrie verstärkt. Es sind Überlegungen anzustellen, wie der „Mythos Psychiatrie" gelüftet werden und verzaubernde Geschichten das Klinikgeschehen entzaubern können. Valide Aussagen über die öffentliche Wahrnehmung der Psychiatrie können im Übrigen nicht aus Organisationsperspektive getroffen werden. Wie die Öffentlichkeit die Psychiatrie *wirklich* sieht, muss erfragt werden. Das wissenschaftliche Instrumentarium dafür steht seit Langem bereit (vgl. ebd., S. 9 f.).

Die dringende Steuerung existenzgefährdender Erzählungen *über* die und das aufgedeckte Heilpotenzial von Geschichten *in* der Psychiatrie führt unweigerlich zur Auseinandersetzung des Storytellings *aus* der Psychiatrie. Die Identifikation dessen dürfte sich insbesondere aufgrund der unterschwelligen Wirkung und somit schweren Erkennbarkeit von Geschichten als diffiziles Vorhaben erwiesen haben. Einerseits gestaltet es sich als Herausforderung, emotionale, bildhafte und lang erinnerbare Informationen aus der Psychiatrie zu finden, andererseits erzählt nahezu jede Pressemitteilung, wenn auch oft in untergeordneter Funktion, eine Geschichte. Mit dem Ziel, Storytelling in Content ausmachen zu wollen, ist es ein Leichtes, in Text, Bild oder Bewegtbild narrative Elemente hineinzuinterpretieren. Die Aussage, ob psychiatrische Kliniken strategisches Storytelling betreiben oder nicht, kann demnach lediglich auf Grundlage individuell festgelegter Kriterien erfolgen. In dieser Abhandlung reicht die Aneinanderreihung von Ereignissen nicht aus, um von einer Geschichte zu sprechen. Die Kombination ihrer Bestandteile und Wirkungsweisen scheint annähernd hinlänglich für die Definition und

Identifikation des Storytellings: Eine (Corporate) Story handelt von mindestens einer Figur, die die Ereignisse des Geschichtshergangs aktiv herbeiführt oder passiv erlebt, einen Konflikt austrägt und eine Botschaft aussendet. Geschichten belohnen ihre Empfänger mit positiven Gefühlen, zeichnen Bilder in ihren Köpfen, verbleiben lange in ihrer Erinnerung und wirken handlungsauslösend. Diese Kriterien erlauben die Schlussfolgerung, dass die klinische Psychiatrie kaum Storytelling betreibt. Aus dieser Feststellung wiederum resultiert die Frage, welche Geschichten Kommunikationsmanager über das vielfältige Geschehen in unterschiedlichsten Kliniken und Abteilungen erzählen sollten. In diesem Kontext erweist sich die bisherige Sprachlosigkeit der Psychiatrie erneut als problematisch: Wie sollen Kommunikationsbeauftragte authentische Geschichten über die Psychiatrie erzählen, wenn sie ihre Core-Story nicht kennen? Ohne einen tieferen Einblick in die Materie sind Empfehlungen Außenstehender höchstwahrscheinlich wenig fruchtbar. Die skizzierten Handlungsabläufe für eine mögliche Corporate Story verdeutlichen, dass ein umfangreicheres Wissen über das Psychiatriegeschehen vonnöten ist und die kommunikationswissenschaftliche Perspektive für das Storytelling der Psychiatrie zu kurz greift. Eine unmittelbare Übertragung der Instrumente wird der Psychiatrie als Organisation nicht gerecht, für eine Wirkung im Sinne der Institution müssen Kommunikationsmanager spezifische Charakteristika der Psychiatrie berücksichtigen. Um tiefer greifende Informationen intersubjektiv nachvollziehbar erfassen zu können, sollten Erzähler sich kommunikationswissenschaftlicher Forschungstechniken bedienen und teilnehmende Beobachter ihrer Geschichte werden.

Die Erwähnung *authentischer* Geschichten wirft die Frage auf, ob man nicht den Bock zum Gärtner macht, lässt man die Psychiatrie Geschichten über sich selbst erzählen (vgl. Finzen 2014, S. 7). Der Glaubwürdigkeit des Storytellings verhilft eine differenzierte Berichterstattung aus verschiedenen Positionen von Journalisten, Patienten, Angehörigen und Organisationsmitgliedern. Betroffene und Angehörige wirken in den Medien häufig vertrauenswürdiger als Professionelle. Diese Tatsache sollte zu denken geben (vgl. Zechert o. J.).

Dass die Arbeit in der klinischen Psychiatrie oftmals anstrengend ist, ist nicht zu beschönigen. Eine reine „Schönwettergeschichte" ginge an der „Realität" der Psychiatrie vorbei (vgl. ebd.). Das Erzählen einer möglichst realitätsgetreuen Psychiatriegeschichte gestaltet sich jedoch als riskante Gratwanderung zwischen dem Offenlegen bestehender Schwierigkeiten und dem Befeuern der Stigmatisierung. In diesem Hinblick ist das Storytelling der Psychiatrie eine äußerst sensible Angelegenheit.

In dieser Abhandlung wurde mehrfach betont, wie wichtig der offene und transparente Stakeholderdialog für die Psychiatrie ist. Das Framing durch Storytelling ist weder offen noch transparent, es manipuliert subtil.

Goffmans Bezeichnung ärztlicher Interventionen als „Musterbeispiele paternalistischer Täuschung" (Goffman 1977, S. 117) ließe sich ebenso auf das Storytelling der Psychiatrie für die Wahrnehmungssteuerung der Öffentlichkeit beziehen. Da die Stigmatisierung ein überwiegend unbewusster Prozess und nur bedingt rational zu erklären ist, scheint der Einsatz von Kommunikationsinstrumenten, die die kognitive und emotionale Ebene adressieren, durchaus geeignet, um auf irrationale Verhaltensweisen einzuwirken. Von einer partnerschaftlichen Kommunikation auf Augenhöhe kann dennoch nicht die Rede sein. Kommunikatoren grundsätzlich arglistige Täuschung vorzuwerfen, wäre allerdings ebenso unangemessen, da Kommunikation unausweichlich ein selektiver Prozess ist und bereits die Verwendung des Wortes „Psychiatrie" als Framing zu verstehen ist, das bei allen Beteiligten des Kommunikationsprozesses Assoziationen auf Grundlage individueller Einstellungen, Erfahrungen und Vorwissen weckt.

Zu guter Letzt lohnt sich die Auseinandersetzung mit der Bezeichnung des Storytellings als *Persuasionstechnik*. Zweifelsohne ist die überzeugende Kommunikation sowohl für die Konfliktvermeidung innerhalb als auch außerhalb der Psychiatrie für ihre Handlungsfähigkeit maßgeblich. Die kursierenden Geschichten über die Psychiatrie verdeutlichen, dass sie in der Öffentlichkeit nicht überzeugt und ihr Einsatz persuasiver Kommunikationstechniken dringend vonnöten ist. Nichtsdestotrotz hat der Ausdruck „Persuasion" ein vertriebliches Moment inne. Es ist der Diskussion würdig, ob die klinische Psychiatrie etwas zu verkaufen hat. Sicherlich ist psychische Gesundheit nicht käuflich zu erwerben. Im Zusammenhang des Reframings wurde jedoch darauf hingewiesen, dass die klinische Psychiatrie ein Wirtschaftsunternehmen ist, das die Behandlung psychisch kranker Menschen nach betriebswirtschaftlichen Gesichtspunkten ausrichten muss. Das aber ist eine andere Geschichte.

Literaturverzeichnis

Ackerknecht, Erwin H. (1942): Problems of Primitive Medicine. In: Bulletin of the History of Medicine. 11(5), S. 503-521

Arenhoevel, Diego / Deißler, Alfons / Vögtle, Anton (1965): Das Buch der Weisheit. In: Arenhoevel, Diego / Deißler, Alfons / Vögtle, Anton (Hgg.): Die Bibel. Die Heilige Schrift des Alten Bundes. 19. Auflage. Freiburg im Breisgau: Herder, S. 736-753

Arolt, Volker / Reimer, Christian / Dilling, Horst (2011): Basiswissen Psychiatrie und Psychotherapie. 7. Auflage. Berlin, Heidelberg: Springer

Balint, Michael (1954): Training General Practicioners in Psychotherapy. In: British Medical Journal. 1(4854), S. 115-120

Baller, Gaby / Schaller, Bernhard (2017): Kommunikation im Krankenhaus. Erfolgreich kommunizieren mit Patienten, Arztkollegen und Klinikpersonal. Heidelberg: Springer Gabler

Bandler, Richard / Grinder, John (1992): Reframing. Ein ökologischer Ansatz in der Psychotherapie (NLP). 5. Auflage. Paderborn: Junfermann'sche Verlagsbuchhandlung

Bateson, Gregory (1972): Steps to an Ecology of Mind. New York: Ballantine Books

Benford, Robert D. (2013): Master Frame. In: Snow, David A. / della Porta, Donatella / Klandermans, Bert / McAdam, Doug (Hgg.): The Wiley-Blackwell Encyclopedia of Social and Political Movements. Chichester, Malden: Wiley-Blackwell

Benford, Robert D. / Snow, David A. (1992): Master Frames and Cycles of Protest. In: Morris, Aldon D. / McClurg Mueller, Carol (Hgg.): Frontiers in Social Movement Theory. New Haven: Yale University Press, S. 133-155

Benford, Robert D. / Snow, David A. (2000): Framing Processes and Social Movements: An Overview and Assessment. Annual Review of Sociology. 26(1), S. 611-639

Berg, Christiane (2001): Angehörige psychisch Kranker fordern Akzeptanz, https://www.pharmazeutischezeitung.de/index.php?id=medizin2_30_2001, Abruf: 02.07.2019

Bischof, Norbert (o. J.): Das Züricher Modell der sozialen Motivation, http://www.bischof.com/norbert_forschung.html, Abruf: 28.06.2019

Bonfadelli, Heinz / Friemel, Thomas N. (2017): Medienwirkungsforschung. 6., überarbeitete Auflage. Konstanz, München: UVK Verlagsgesellschaft mbH

Bonnemann, Catharina / Brückner, Burkhart (2015): Reil, Johann Christian, In: Biographisches Archiv der Psychiatrie, https://biapsy.de/index.php/de/9-biographien-a-z/189-reil-johann-christian, Abruf: 16.06.2019

Brammer, Stephen / Pavelin, Stephen (2004): Building a Good Reputation. In: European Management Journal. 22(6), S. 704-713

Bruhn, Manfred (2014): Unternehmens- und Marketingkommunikation. Handbuch für ein integriertes Kommunikationsmanagement. 3., vollständig überarbeitete Auflage. München: Vahlen

Bruhn, Manfred (2015): Kommunikationspolitik. Systematischer Einsatz der Kommunikation für Unternehmen. 8., überarbeitete Auflage. München: Vahlen

Bühring, Petra (2017): Der schwierige Patient: Kommunikation ist alles. In: Deutsches Ärzteblatt. 114(6), S. 280-281

Bundesverband der Angehörigen psychisch Kranker e. V. (2009): Psychisch krank. Und jetzt? Erstinformation für Familien mit psychisch kranken Menschen, https://www.bapk.de/fileadmin/user_files/bapk/infomaterialien/download/psychischkrank_dt_090705.pdf, Abruf: 16.06.2019

Burchell, Jon / Cook, Joanne (2006): Assessing the Impact of Stakeholder Dialogue: Changing Relationships between Companies and NGOs. In: Journal of Public Affairs. 6(3), S. 210-227

Burger, Claudia (2019): Neue Lösungen für wachsenden Hilfebedarf, https://www.dgppn.de/schwerpunkte/versorgung.html, Abruf: 16.06.2019

Carragee, Kevin M. / Roefs, Wim (2004): The Neglect of Power in Recent Framing Research. In: Journal of Communication. 54(2), S. 214-233

Cornelissen, Joep (2011): Corporate Communication. A guide Theory and Practice. 3. Auflage. London: Sage Publications Ltd.

Crane, Andrew (2003): Are you talking to me? Stakeholder Communication and the Risks and Rewards of Dialogue. In: Andriof, Jörg / Waddock, Sandra / Sutherland Rahman, Sandra / Husted, Bryan (Hgg.): Unfolding Stakeholder Thinking 2: Relationships, Communication, Reporting and Performance. Sheffield: Greenleaf, S. 39-52

Crefeld, Wolf (2011): Soziale Psychiatrie und Betreuung. In: Schwarzer, Wolfgang (Hg.): Medizinische Grundlagen für soziale Berufe. Dortmund: Borgmann, S. 403-439

Dahinden, Urs (2006): Framing: Eine integrative Theorie der Massenkommunikation. Konstanz: UVK Verlagsgesellschaft mbH

D'Angelo, Paul (2002): News Framing as a Multiparadigmatic Research Program: A Response to Entman. In: Journal of Communication. 52(4), S. 870-888

Denning, Stephen (2011): The Leader's Guide to Storytelling. San Francisco: Wiley

Deutsche Gesellschaft für Psychiatrie und Psychotherapie, Psychosomatik und Nervenheilkunde (2019): Zahlen und Fakten der Psychiatrie und Psychotherapie, https://www.dgppn.de/_Resources/Persistent/933a83524dd5459f46f2d2885ff57a0b69264cef/Factsheet_Psychiatrie.pdf, Abruf: 16.06.2019

Donaldson, Thomas / Preston, Lee E. (1995): The Stakeholder Theory of the Corporation: Concepts, Evidence and Implications. In: The Academy of Management Review. 20(1), S. 70

Dunwoody, Sharon / Griffin, Robert J. (1994): Journalistic Strategies for Long-Term Environmental Issues: A Case Study of three Superfund Sites. In: The Mass Media and Environmental Issues. Leicester, London, New York: Leicester University Press, S. 22-50

Dunwoody, Sharon / Peters, Hans P. (1992): Mass Media Coverage of Technological and Environmental Risks: A Survey of Research in the United States and Germany. In: Public Understanding of Science. 1(2), S. 199-230

Eberhardt, Stefan (1998): Wertorientierte Unternehmensführung. Der modifizierte Stakeholder-Value-Ansatz. Wiesbaden: Springer Gabler

Eder, Sebastian / Schmidt, Lucia (2019): Hinter verschlossenen Türen. In: Frankfurter Allgemeine Sonntagszeitung. 24. März 2019, S. 9-10

Egger, Josef W. (2017): Theorie und Praxis der biopsychosozialen Medizin. Körper-Seele-Einheit und sprechende Medizin. Wien: facultas

Entman, Robert M. (1993): Framing: Toward Clarification of a Fractured Paradigm. In: Journal of Communication. 43(4), S. 51-58

Erbe, Barbara (2017): Reden ist Gold: Mehr Raum für die „Sprechende Medizin". In: Deutsche Medizinische Wochenzeitschrift. 142(14), S. 1083-1084

Ettl-Huber, Silvia (2014): Storypotenziale, Stories und Storytelling in der Organisationskommunikation. In: Ettl-Huber, Silvia (Hg.): Storytelling in der Organisationskommunikation: Theoretische und empirische Befunde. Wiesbaden: Springer VS, S. 9-26

Etzold, Veit (2017): Wenn Sie nicht anders sind, dann seien Sie besser billig – Wie sich Unternehmen mit einer guten Story in einer überkommunizierten Welt differenzieren. In: Schach, Annika (Hg.): Storytelling. Geschichten in Text, Bild und Film. Wiesbaden: Springer Gabler, S. 3-11

Faust, Tanja (2006): Storytelling. Mit Geschichten Abstraktes zum Leben erwecken. In: Bentele, Günter / Piwinger, Manfred / Schönborn, Gregor (Hgg.): Kommunikationsmanagement. Loseblattwerk 2001 ff. Nr. 5.23. Köln: Luchterhand, S. 1-30

Finzen, Asmus (2000): Psychose und Stigma. Stigmabewältigung – zum Umgang mit Vorurteilen und Schuldzuweisung. Bonn: Psychiatrie Verlag

Finzen, Asmus (2014): Die Psychiatrie – gibt's die? Wie die Öffentlichkeit sie wahrnehmen und wie sie sich ein Bild machen kann. In: Sozialpsychiatrische Informationen. 44(2), S. 7-10

Finzen, Asmus (2018): Normalität. Die ungezähmte Kategorie in Psychiatrie und Gesellschaft. Köln: Psychiatrie Verlag

Fludernik, Monika (2006): Einführung in die Erzähltheorie. Darmstadt: Wissenschaftliche Buchgesellschaft

Fog, Klaus / Budtz, Christian / Yakaboylu, Baris (2005): Storytelling. Branding in Practice. Berlin, Heidelberg: Springer

Follett, Mary P. (1918): The New State: Group Organization the Solution of Popular Government. New York: Longmans, Green & Company

Frank, Arthur W. (1991): Mit dem Willen des Körpers. Krankheit als existentielle Erfahrung. Hamburg: Hoffmann und Campe

Freeman, Edward R. (1984): Strategic Management. A Stakeholder Approach. Boston: Pitman

Frenzel, Karolina / Müller, Michael / Sottong, Hermann (2006): Storytelling. Das Praxishandbuch. München, Wien: Carl Hanser

Freud, Sigmund (1926): Die Frage der Laienanalyse. Wien: Internationaler Psychoanalytischer Verlag

Frevert, Pierre E. (2015): Sprechende Medizin im Sprechzimmer – Psychosomatische Grundkenntnisse fördern die Kommunikative Kompetenz und die Zufriedenheit von Ärzten. In: Balint-Journal. 16(3), S. 80-83

Friedrichs, Jürgen (1990): Methoden empirischer Sozialforschung. 14. Auflage. Wiesbaden: Springer VS

Früh, Werner / Frey, Felix (2014): Narration und Storytelling. Theorie und empirische Befunde. Köln: Herbert von Halem Verlag

Fuhrberg, Reinhold (2016): Perspektiven des Kommunikationsmanagements. Chart 3

Gamson, William A. / Modigliani, Andre (1989): Media Discourse and Public Opinion on Nuclear Power: A Constructionist Approach. In: American Journal of Sociology. 95(1), S. 1-37

Gamson, William A. / Modigliani, Andre (1994): The Changing Culture of Affirmative Action. In: Burstein, Paul (Hg.): Equal Employment Opportunity. Labor Market Discrimination and Public Policy. New York: Aldine de Gruyter, S. 373-393

Gegenfurtner, Karl R. / Walter, Sebastian / Braun, Doris I. (2002): Visuelle Informationsverarbeitung im Gehirn. In: Huber, Hans D. / Lockemann, Bettina / Scheibel, Michael (Hgg.): Bild Wissen Medien. Visuelle Kompetenz im Medienzeitalter. München: kopaed

Generation Psy (2017): Marc Augustin im Interview: Expeditionen ins Hirnreich, https://www.generation-psy.de/kampagnen/hippocampus/, Abruf: 16.07.2019

Genette, Gérard (2010): Die Erzählung. 3., durchgesehene und korrigierte Auflage. Paderborn: Wilhelm Fink

Gerhards, Jürgen / Rucht, Dieter (1992): Mesomobilization: Organizing and Framing in Two Protest Campaigns in West Germany. In: American Journal of Sociology. 98(3), S. 555-596

Gesing, Fritz (2005): Kreativ schreiben. Handwerk und Techniken des Erzählens. 2., aktualisierte Auflage. Köln: DuMont

Gesundheitsberichterstattung des Bundes (o.J.): Definition: Psychiatrie, http://www.gbebund.de/gbe10/abrechnung.prc_abr_test_logon?p_uid=gast&p_aid=0&p_knoten=FID&p_sprache=D&p_suchstring=8716, Abruf: 16.06.2019

Gitlin, Todd (2003): The World Is Watching: Mass Media in the Making and Unmaking of the New Left. Berkeley, Los Angeles, London: University of California Press

Goffman, Erving (1972): Asyle. Über die soziale Situation psychiatrischer Patienten und anderer Insassen. Frankfurt am Main: Suhrkamp

Goffman, Erving (1977): Rahmen-Analyse. Ein Versuch über die Organisation von Alltagserfahrungen. Frankfurt am Main: Suhrkamp

Goffman, Erving (1986): Frame Analysis. An Essay on the Organization of Experience. Boston: Northeastern University Press

Gottschlich, Maximilian (1998): Sprachloses Leid. Wege zu einer kommunikativen Medizin. Die heilsame Kraft des Wortes. Wien: Springer

Graber, Doris A. (1984): Processing the News. How People Tame the Information Tide. New York, London: Longman

Greenhalgh, Trisha / Hurwitz, Brian (2005): Narrative-based Medicine – Sprechende Medizin. Dialog und Diskurs im klinischen Alltag. Bern: Hans Huber

Greve, Nils (2013): Reframing. In: Senf, Wolfgang / Broda, Michael / Wilms, Bettina (Hgg.): Techniken der Psychotherapie. Ein methodenübergreifendes Kompendium, S. 101-103

Hallahan, Kirk (1999): Seven Models of Framing: Implications for Public Relations. In: Journal of Public Relations Research. 11(3), S. 205-242

Hansen, Solveig Lena / Holetzek, Tim / Heyder, Clemens / Wiesemann, Claudia (2018): Stakeholder-Beteiligung in der klinischen Forschung: Eine ethische Analyse. In: Ethik in der Medizin. 30(4), S. 289-305

Heinz, Andreas (2015): Krankheit vs. Störung. Medizinische und lebensweltliche Aspekte psychischen Leidens. In: Der Nervenarzt. 86(1), S. 36-41

Herbst, Dieter G. (2014): Storytelling. 3., überarbeitete Auflage. Konstanz, München: UVK Verlagsgesellschaft mbH

Hillmann, Mirco (2011): Storytelling. Mit Geschichten Unternehmen gestalten. In: Hillmann, Mirco (Hg.): Unternehmenskommunikation kompakt. Wiesbaden: Springer Gabler, S. 63-73

Horst, Michael (2006): Öffentlichkeitsarbeit. Pflege (in) der Öffentlichkeit. Stuttgart: Kohlhammer

Huber, Christian G. / Schneeberger, Andres R. / Sollberger, Daniel / Lang, Undine E. (2015): Empowerment versus Stigma: Wo steht die Psychiatrie? Universimed, http://neurologie-psychiatrie.universimed.com/artikel/empowerment-versus-stigma-wo-steht-die-psychiatrie, Abruf: 05.02.2019

Huck-Sandhu, Simone (2014): Corporate Messages entwickeln und steuern: Agenda Setting, Framing, Storytelling. In: Zerfaß, Ansgar / Piwinger, Manfred (Hgg.): Handbuch Unternehmenskommunikation. 2., vollständig überarbeitete Auflage. Wiesbaden: Springer Gabler, S. 651-668

Isaacs, William N. (1993): Taking flight: Dialogue, Collective Thinking, and Organizational Learning. In: Organizational Dynamics. 22(2), S. 24-40

Iselin, Marie-Geneviève / Addis, Michael E. (2003): Effects of Etiology on Perceived Helpfulness of Treatments for Depression. In: Cognitive Therapy and Research. 27(2), S. 205-222

Iyengar, Shanto (1996): Framing Responsibility for Political Issues. In: The Annals of the American Academy of Political and Social Science. 546(1), S. 59-70

Kalitzkus, Vera / Wilm, Stefan / Matthiessen, Peter F. (2009): Narrative Medizin – was ist es, was bringt es, wie setzt man es um? In: Zeitschrift für Allgemeinmedizin. 85(2), S. 60-66

Kaptein, Muel / van Tulder, Rob (2003): Toward Effective Stakeholder Dialogue. In: Business and Society Review. 108(2), S. 203-224

Kiefer, Marie L. (2010): Journalismus und Medien als Institutionen. Konstanz: UVK Verlagsgesellschaft mbH

Kim, Sei-Hill / Scheufele, Dietram A. / Shanahan, James (2002): Think About It This Way: Attribute Agenda-Setting Function of the Press and the Public's Evaluation of a Local Issue. In: Journalism & Mass Communication Quarterly. 79(1), S. 7-25

Kocks, Klaus (2017): Prolog: Was aber ist eine Geschichte? Prolegomena zu einer Narrativik, die als Kulturwissenschaft wird auftreten können. In: Schach, Annika (Hg.): Storytelling. Geschichten in Text, Bild und Film. Wiesbaden: Springer Gabler, S. IX-XIII

Krüger, Florian (2015): Corporate Storytelling. Theorie und Empirie narrativer Public Relations in der Unternehmenskommunikation. Wiesbaden: Springer VS

Kulbe, Annette (2017): Grundwissen Psychologie, Soziologie und Pädagogik. Lehrbuch für Pflegeberufe. 3., überarbeitete und erweiterte Auflage. Stuttgart: Kohlhammer

Kuncik, Michael / Zipfel, Astrid (2001): Publizistik: Ein Studienhandbuch. Köln: Böhlau

Langenbucher, Wolfgang R. (2005): Plädoyer wider die kommunikationswissenschaftliche Bescheidenheit: Warum wir den ‚Ansatzismus' endlich hinter uns lassen müssen und welche ‚Werke' die Gesellschaft von uns erwarten darf. In: Schade, Edzard (Hg.): Publizistikwissenschaft und öffentliche Kommunikation. Konstanz: UVK Verlagsgesellschaft mbh, S. 183-190

Lasswell, Harold D. (1964): The Structure and Function of Communication in Society. In: Bryson, Lyman (Hg.): The Communication of Ideas. New York: Cooper Square Publishers, S. 37-51

Lenke, Nils / Lutz, Hans-Dieter / Sprenger, Michael (1995): Grundlagen sprachlicher Kommunikation. München: Wilhelm Fink

Lisofsky, Beate (o. J.): Öffentlichkeitsarbeit in der Psychiatrie – Werbung für Verrückte? https://www.bapk.de/aktuelles/oeffentlichkeitsarbeit/oeffentlichkeitsarbeit-in-der-psychiatrie-werbung-fuer-verrueckte.html, Abruf: 14.07.2019

Littek, Frank (2011): Storytelling in der PR. Wie Sie die Macht der Geschichten für Ihre Pressearbeit nutzen. Wiesbaden: Springer VS Verlag für Sozialwissenschaften

Lucius-Hoene, Gabriele / Schwantes, Ulrich / Zippel, Christian (2006): Narrative Medizin. Die besondere Rolle des Erzählens und Zuhörens. In: Berliner Ärzte. 43(2), S. 14-18

Lünenborg, Margreth (2005): Journalismus als kultureller Prozess. Zur Bedeutung von Journalismus in der Mediengesellschaft. Ein Entwurf. Wiesbaden: Springer VS Verlag für Sozialwissenschaften

Luhmann, Niklas (2011): Organisation und Entscheidung. 3. Auflage. Wiesbaden: Springer VS Verlag für Sozialwissenschaften

Machill, Marcel / Köhler, Sebastian / Waldhauser, Markus (2006): Narrative Fernsehnachrichten: Ein Experiment zur Innovation journalistischer Darstellungsformen. In: Publizistik. 51(4), S. 479-497

Maletzke, Gerhard (1963): Psychologie der Massenkommunikation. Theorie und Systematik. Hamburg: Hans Bredow

Mangold, Marc (2002): Markenmanagement durch Storytelling. Arbeitspapier zur Schriftenreihe Global Branding. Band 2. München: FGM-Verlag

Mark, Margaret / Pearson, Carol S. (2001): The Hero and the Outlaw: Building Extraordinary Brands through the Power of Archetypes. New York: McGraw-Hill

Mast, Claudia (2016): Unternehmenskommunikation. 6., überarbeitete und erweiterte Auflage. Konstanz, München: UVK Verlagsgesellschaft mbH

Mast, Claudia (2019): Unternehmenskommunikation. 7., überarbeitete und erweiterte Auflage. München: UVK Verlag

Matthes, Jörg (2007): Framing-Effekte. Zum Einfluss der Politikberichterstattung auf die Einstellungen der Rezipienten. München: Reinhard Fischer

Matthes, Jörg (2014): Framing. Baden-Baden: Nomos Verlagsgesellschaft

Maurer, Marcus (2010): Agenda-Setting. 2., aktualisierte Auflage. Baden-Baden: Nomos Verlagsgesellschaft

McCombs, Maxwell (2000): Agenda-Setting: Zusammenhänge zwischen Massenmedien und Weltbild. In: Schorr, Angela (Hg.): Publikums- und Wirkungsforschung. Wiesbaden: Westdeutscher Verlag, S. 123-136

McCombs, Maxwell (2014): Setting the Agenda: Mass Media and Public Opinion. 2. Auflage. Cambridge, Malden: Polity Press

McCombs, Maxwell / Ghanem, Salma I. (2001): The Convergence of Agenda Setting and Framing. In: Reese, Stephen D. / Gandy, Oscar H. / Grant, August E. (Hgg.): Framing Public Life: Perspectives of Media and Our Understanding of the Social World. Mahwah, New Jersey: Lawrence Erlbaum, S. 67-81

McCombs, Maxwell / Llamas, Juan P. / Lopez-Escobar, Esteban / Rey, Federico (1997): Candidate Images in Spanish Elections: Second-Level Agenda-Setting Effects. In: Journalism & Mass Communication Quarterly. 74(4), S. 703-717

McCombs, Maxwell / Venezuela, Sebastián (2007): The Agenda-Setting Theory. In: Cuardernos De Información. Pontificia Universidad Católica de Chile. Nr. 20, S. 44-50

McKee, Robert (2003): Storytelling That Moves People. In: Harvard Business Review. 81(6), S. 51-55

Meuser, Michael / Sackmann, Reinhold (1992): Zur Einführung. Deutungsansatz und empirische Wissenssoziologie. In: Meuser, Michael / Sackmann, Reinhold (Hgg.): Analyse sozialer Deutungsmuster. Beiträge zur empirischen Wissenssoziologie. Pfaffenweiler: Centaurus, S. 9-37

Mitchell, Ronald K. / Agle, Bradley R. / Wood, Donna J. (1997): Toward a Theory of Stakeholder Identification and Salience: Defining the Principle of Who and What Really Counts. In: The Academy of Management Review. (22)4, S. 853-886

Mitroff, Ian I. (1983): Stakeholders of the Organizational Mind. San Francisco: Jossey-Bass

National Storytelling Network (o. J.): What is Storytelling? https://storynet.org/what-is-storytelling/, Abruf: 08.06.2019

Noakes, John A. / Johnston, Hank (2005): Frames of Protest: A Road Map to a Perspective. In: Noakes, John A. / Johnston, Hank (Hgg.): Frames of Protest: Social Movements and the Framing Perspective. Lanham: Rowman & Littlefield Publishers, S. 1-29

Nöth, Winfried (2000): Handbuch der Semiotik. 2., vollständig neu bearbeitete und erweiterte Auflage. Stuttgart: J. B. Metzler

Pan, Zhongdang / Kosicki, Gerald M. (1993): Framing Analysis: An Approach to News Discourse. Political Communication. 10(1), S. 55-76

Paulitsch, Klaus / Karwautz, Andreas (2008): Grundlagen der Psychiatrie. Wien: facultas

Payk, Theo R. (2000): Psychiater. Forscher im Labyrinth der Seele. Stuttgart, Berlin, Köln: Kohlhammer

Pedersen, Esben R. (2006): Making Corporate Social Responsibility (CSR) Operable: How Companies Translate Stakeholder Dialogue into Practice. In: Business and Society Review. 111(2), S. 137-163

Perrin, Daniel (2013): Public Storytelling. In: Bentele, Günter / Brosius, Hans-Bernd / Jarren, Otfried (Hgg.): Lexikon Kommmunikations- und Medienwissenschaft. 2., überarbeitete und erweiterte Auflage. Wiesbaden: Springer VS

Peuckert, Will-Erich (1941): Paracelsus. Die Geheimnisse. Leipzig: Dietrich'sche Verlagsbuchhandlung

Plate, Markus (2015): Grundlagen der Kommunikation. Gespräche effektiv gestalten. 2., durchgesehene Auflage. Göttingen: Vandenhoeck & Ruprecht

Pöppel, Ernst (2008): Zum Entscheiden geboren. Hirnforschung für Manager. München: Carl Hanser

Potthoff, Matthias (2012): Medien-Frames und ihre Entstehung. Wiesbaden: Springer VS

Prestin, Elke / Schulz, Michael (2011): Kommunikation in der stationären Psychiatrie. „Ich habe mir überlegt, was Ihnen wohl am meisten weh tut". In: Psychiatrische Pflege. 17(1), S. 87-98

Price, Vincent / Nir, Lilach / Capella, Joseph N. (2005): Framing Public Discussion of Gay Civil Unions. In: Public Opinion Quarterly. 69(2), S. 179-212

Raupp, Juliana / Völker, Daniel (2014): Was ist strategisch am strategischen Framing? Eine Untersuchung zur Gestaltung von Frame-Elementen am Beispiel der Regierungskommunikation in der Finanzkrise. In: Marcinkowski, Frank (Hg.): Framing als politischer Prozess. Beiträge zum Deutungskampf in der politischen Kommunikation. Baden-Baden: Nomos Verlagsgesellschaft, S. 127-141

Remen, Rachel Naomi (1994): Ganzheit. In: Moyers, Bill (Hg.): Die Kunst des Heilens. Vom Einfluß der Psyche auf die Gesundheit. München: Artemis & Winkler, S. 323-341

Rhein, Sebastian (2017): Stakeholder-Dialoge für unternehmerische Nachhaltigkeit. Eine qualitativ-empirische Studie zum Diskursverhalten von Unternehmen. Wiesbaden: Springer Gabler

Röttger, Ulrike / Preusse, Joachim / Schmitt, Jana (2014): Grundlagen der Public Relations. Eine kommunikationswissenschaftliche Einführung. 2., aktualisierte Auflage. Wiesbaden: Springer VS

Rudolph, Udo (2013): Repräsentationen von Krankheit in der Alltagssprache. In: Hoefert, Hans-Wolfgang / Brähler, Elmar (Hgg.): Krankheitsvorstellungen von Patienten. Herausforderung für Medizin und Psychotherapie. Lengerich: Pabst Science Publishers, S. 21-32

Ruesch, Jürgen / Bateson, Gregory (1995): Kommunikation. Die soziale Matrix der Psychiatrie. Heidelberg: Carl Auer

Sammer, Petra (2017): Von Hollywood lernen? Erfolgskonzepte des Corporate Storytelling. In: Schach, Annika (Hg.): Storytelling. Geschichten in Text, Bild und Film. Wiesbaden: Springer Gabler, S. 13-32

Saxer, Ulrich (1997): Konstituenten einer Medienwissenschaft. In: Schanze, Helmut / Ludes, Peter (Hgg.): Qualitative Perspektiven des Medienwandels. Opladen: Westdeutscher Verlag, S. 15-26

Schach, Annika (2017a): Vorwort. In: Schach, Annika (Hg.): Storytelling. Geschichten in Text, Bild und Film. Wiesbaden: Springer Gabler, S. V-VIII

Schach, Annika (2017b): Von der Gründerstory bis zum Ergebnisprotokoll: textlinguistische Analyse der Unternehmensgeschichte. In: Schach, Annika (Hg.): Storytelling. Geschichten in Text, Bild und Film. Wiesbaden: Springer Gabler, S. 61-80

Scherer, Edith / Lampert, Thomas (2017): Basiswissen: Angehörige in der Psychiatrie. Köln: Psychiatrie Verlag

Scheufele, Bertram: (2003): Frames – Framing – Framing-Effekte. Theoretische und methodische Grundlegung des Framing-Ansatzes sowie empirische Befunde zur Nachrichtenproduktion. Wiesbaden: Westdeutscher Verlag

Schmacke, Norbert (1997): Seelenlose Apparatemedizin und neue Heilkunde. In: Schmacke, Norbert (Hg.): Ärzte oder Wunderheiler? Die Macht der Medizin und der Mythos des Heilens. Opladen: Westdeutscher Verlag, S. 97-113

Schmiedgen, Stephanie / Nitzschke, Bettina / Schädle-Deininger, Hilde / Schoppmann, Susanne (2014): Psychiatrie. Stuttgart: Kohlhammer

Schöne, Albrecht (2007): Faust. Der Tragödie erster Teil. In: Schöne, Albrecht (Hg.): Johann Wolfgang Goethe: Sämtliche Werke. Briefe, Tagebücher und Gespräche: Vierzig Bände. 7. Auflage (entspricht der 6., revidierten Auflage). Frankfurt am Main: Deutscher Klassiker Verlag, S. 31-200

Scholze-Stubenrecht, Werner / Auberle, Anette / Eickhoff, Birgit / Haller-Wolf, Angelika / Knörr, Evelyn / Konopka, Anja / Kraif, Ursula / Münzberg, Franziska / Osterwinter, Ralf / Tauchmann, Christine / Thyen, Olaf / Trunk-Mußbaumer, Marion (2011): Deutsches Universalwörterbuch. 7., überarbeitete und erweiterte Auflage. Mannheim: Bibliographisches Institut GmbH

Schramme, Thomas (2012): Krankheitstheorien. Berlin: Suhrkamp

Schwägerl, Christian / Fuhrberg, Reinhold / Umansky, Dimitrij (2018): Intention und Emergenz. Wie die Gesprächsanalyse zur Evaluation strategischer Kommunikation beitragen kann. Das Beispiel einer Bürgerveranstaltung zum Übertragungsnetzausbau. In: Schach, Annika / Christoph, Cathrin (Hgg.): Handbuch Sprache in den Public Relations. Theoretische Ansätze – Handlungsfelder – Textsorten. Wiesbaden: Springer VS, S. 271-291

Schwarzer, Wolfgang (2011): Psychische Erkrankungen und seelische Behinderung. In: Schwarzer, Wolfgang (Hg.): Medizinische Grundlagen für soziale Berufe. Dortmund: Borgmann, S. 213-242

Sielschott, Stephan (2012): Stereotypen-Framing – Eine theorienintegrative und interdisziplinäre Analyse der Zeitungsberichterstattung über marginalisierte soziale Gruppen. Inauguraldissertation zur Erlangung des Grades eines Doktors der Philosophie. Marburg: Philipps-Universität

Sontag, Susan (1989): Aids und seine Metaphern. München, Wien: Carl Hanser

Springer, Otto (2011): Enzyklopädisches Wörterbuch der englischen und deutschen Sprache. Teil 1. Englisch - Deutsch. 2. Band N-Z. 14. Auflage. Berlin, München: Langenscheidt

Statistisches Bundesamt (2018) Grunddaten der Krankenhäuser 2017, https://www.destatis.de/DE/Publikationen/Thematisch/Gesundheit/Krankenhaeuser/GrunddatenKrankenhaeuser.html, Abruf: 21.02.2019

Swift, Tracey (2001): Trust, Reputation and Corporate Accountability to Stakeholders. In: Business Ethics: A European Review. 10(1), S. 16-26

Szepansky, Wolf-Peter (2017): Souverän Seminare leiten. 3., aktualisierte Auflage. Bielefeld: W. Bertelsmann Verlag GmbH & Co. KG

Szyszka, Peter (2008): Lexikoneintrag Public Storytelling. In: Bentele, Günter / Fröhlich, Romy / Szyszka Peter (Hgg.): Handbuch der Public Relations. Wissenschaftliche Grundlagen und berufliches Handeln. 2., korrigierte und erweiterte Auflage. Wiesbaden: Springer VS Verlag für Sozialwissenschaften, S. 620-621

Tankard, James W. (2001): The Empirical Approach to the Study of Media Framing. In: Reese, Stephen D. / Gandy, Oscar H. / Grant, August E. (Hgg.): Framing Public Life: Perspectives on Media and Our Understanding of the Social World. Mahwah, New Jersey, London: Lawrence Erlbaum, S. 95-106

Theis-Berglmair, Anna M. (2008): Public Relations aus organisationssoziologischer Perspektive. In: Bentele, Günter / Fröhlich, Romy / Szyszka, Peter (Hgg.): Handbuch der Public Relations. Wissenschaftliche Grundlagen und berufliches Handeln. 2., korrigierte und erweiterte Auflage. Wiesbaden: Springer VS Verlag für Sozialwissenschaften, S. 37-49

Tversky, Amos / Kahneman, Daniel (1981): The Framing of Decisions and the Psychology of Choice. Science. 211(4481), S. 453-548

Vetter, Brigitte (1989): Psychiatrie. Ein systematisches Lehrbuch für Heil-, Sozial- und Pflegeberufe. Stuttgart: Gustav Fischer

Völker, Daniel (2015): Kommunikation im Krisenmodus. Konzeption des Strategischen Framings am Beispiel der Finanzkrise 2008/09. Wiesbaden: Springer VS von Glasersfeld, Ernst (1997): Radikaler Konstruktivismus. Ideen, Ergebnisse, Probleme. Frankfurt am Main: Suhrkamp

von Schlippe, Arist / Schweitzer, Jochen (2007): Lehrbuch der systemischen Therapie und Beratung. 10. Auflage. Göttingen: Vandenhoeck & Ruprecht

Watzlawick, Paul / Beavin, Janet H. / Jackson, Don D. (2007): Menschliche Kommunikation: Formen, Störungen, Paradoxien. 11., unveränderte Auflage. Bern: Hans Huber

Wentzel, Daniel / Tomczak, Torsten / Herrmann, Andreas (2012): Storytelling im Behavioral Branding. In: Tomczak, Torsten / Esch, Franz-Rudolf / Kernstock, Joachim / Herrmann, Andreas (Hgg.): Behavioral Branding. Wie Mitarbeiterverhalten die Marke stärkt. 3., aktualisierte Auflage. Wiesbaden: Springer Gabler

Wermke, Matthias / Kunkel-Razum, Kathrin / Scholze-Stubenrecht, Werner (2007): Das Herkunftswörterbuch. 4., neu bearbeitete Auflage. Band 7. Mannheim: Bibliographisches Institut GmbH

Wermke, Matthias / Kunkel-Razum, Kathrin / Scholze-Stubenrecht, Werner (2010): Das Bedeutungswörterbuch. 4., neu bearbeitete und erweiterte Auflage. Band 10. Mannheim: Bibliographisches Institut AG

Willems, Herbert (1997): Rahmen und Habitus. Zum theoretischen und methodischen Ansatz Erving Goffmans. Vergleiche, Anschlüsse und Anwendungen. Frankfurt am Main: Suhrkamp

Zäske, Harald / Baumann, Anja / Gaebel, Wolfgang (2005): Das Bild des psychisch Kranken und der psychiatrischen Behandlung in der Bevölkerung. In: Gaebel, Wolfgang / Möller, Hans-Jürgen / Rössler, Wulf (Hgg.): Stigma – Diskriminierung – Bewältigung. Der Umgang mit sozialer Ausgrenzung psychisch Kranker. Stuttgart: Kohlhammer, S. 56-83

Zechert, Christian (o. J.): Zehn Thesen zum Verhältnis von Psychiatrie und Öffentlichkeit, https://www.bapk.de/aktuelles/oeffentlichkeitsarbeit/zehn-thesen-zum-verhaeltnis-von-psychiatrie-und-oeffentlichkeit.html, Abruf: 21.07.2019

Zerfaß, Ansgar (2014): Unternehmenskommunikation und Kommunikationsmanagement: Strategie, Management und Controlling. In: Zerfaß, Ansgar / Piwinger, Manfred (Hgg.): Handbuch Unternehmenskommunikation. Strategie – Management – Wertschöpfung, 2., vollständig überarbeitete Auflage. Wiesbaden: Springer Gabler, S. 21-79

Zerfaß, Ansgar / Piwinger, Manfred (2014): Vorwort. In: Zerfaß, Ansgar / Piwinger, Manfred (Hgg.): Handbuch Unternehmenskommunikation. Strategie – Management – Wertschöpfung, 2., vollständig überarbeitete Auflage. Wiesbaden: Springer Gabler, S. V-VII